ハイパフォーマンスを生む
超実践的
脳科学メソッド「芯観」

自分に合った脳の使い方

「脳科学モデリング研究所」代表
石川大雅

はじめに——自分に合った脳の使い方をマスターして、とことん使いこなす

頑張っているのに成果が上がらない人が、知らないこと

本書を手に取っていただき、まことにありがとうございます。

私は、脳科学や心理学を使って、普段の生活や仕事でどのようにパフォーマンス（生産性）を上げるのかを**40年以上**にわたって研究し、研修・コンサルティングを行なってきました。

これまで**約3万人の成功者**にインタビューし、**NTT**、**NHK**、**帝国データバンク**をはじめとする大企業や、**国会議員**、**スポーツアスリート**など、国内のトップ層を中心に**10万人**の人生を変える支援をさせていただきました。

「必死に頑張っているのに、成果がなかなか出ない」
「学んだとおり実践しているのに、うまくいかない」
「日々のパフォーマンスにムラがある」

「今まで自己投資をしてきたけれど、実践で活用できていない」

そんな悩みを抱えている人にたくさんお会いしてきましたが、これらの悩みには、ある共通点があります。

それは、**「自分に合った脳の使い方」を知らない**ということです。

自分の脳のクセを知り、その特性をどう生かしていけばいいのかがわからないために、多くの人が悩み苦しんでいる——。そんな現実を目の前にして、私はこのような悩みを抱えている10万人以上の方々を約40年間にわたって支援させていただいています。

そのノウハウを体系化したのが、本書でお伝えする**実践的脳科学メソッド「芯観」**です。

結果が出ないのは、そのやり方が、あなたの脳に合っていないだけ

人間とは、本当に多種多様です。

まったく同じ脳の仕組み、状態、特性を持っている人は、一人としていません。

10万人の人生を変えてきた経験があるからこそ断言できることがあります。

それは、**どんな人も自分だけが持っている脳の固有の特性を活かせば、ありえないほどの成果を出すことができる**ということです。

私のコンサルティングを受けたクライアントの皆さんは、自分の脳のクセを知って、自分に合った脳の使い方をしたことで、次々と成果を上げています。

たとえば、ある会社の最下位のグループは、メンバー構成を一切変えずに、3カ月で社内トップの営業成績を達成することができました。

70社以上も面接に落ち続けた、いわゆる〝落ちこぼれ〟就職浪人生50人は、支援して2カ月以内に全員就職することができました。

売上が上がらないクビ寸前のホストが、2、3回のアドバイスで、その店のトップになったこともあります。

恋人ができずに、つらい思いをしていた女性も、あっという間に、素敵なパートナーを見つけることができました。

才能がない人、結果を出せない人は、この世に存在しません。

もしあなたが、どんなに頑張って努力をしても、結果につながっていないのなら、その理由はたった1つしかありません。

それは、自分の脳の特性を知らず、自分が持っている天才性を自覚していないからです。つまり、「自分に合った脳の使い方」を知らないだけなのです。

Aさんが成果を出しているやり方が、あなたに合っているやり方とは限りません。

逆に、あなたに合っているやり方が、Aさんにとって合っているとは限りません。

私は、必死に頑張っているのに成果につながっていない人を見ると、本当にもどかしくなります。「あなた、自分の天才性を殺してどうするんですか！　せっかくの天才性なんだから、思う存分発揮しましょうよ」そう声をかけたくなって、たまらなくなってしまうのです。

あなたの脳には、あなただけの天才性が存在しています。そして、あなたの脳には、あなただけの脳に合ったやり方があるのです。

「理論」と「実践」を兼ね備えた、再現性のある脳科学的メソッド

世の中には、脳科学や心理学をテーマにした本やノウハウが数多く存在しています。向上心の高いあなたなら、きっと今までにそのようなノウハウを学んできたことでしょう。本書もその1つに過ぎず、単なる知識を得られるだけだろうと思っているかもしれません。

しかし、**本書はそのようなノウハウとは明らかに違う**ということを、本書を読み終えたときに必ず実感していただけるはずです。

世間の脳科学の99％は、「単なる一般的な知識」であるか、「統計に基づく単なるデータ」で

あるため、実践的にあなたの人生を変えることはできません。

本当の意味であなたの人生を変えるためには、**きちんとした脳科学の理論を踏まえつつ、実際の生活に役立つ内容**をお伝えする必要があります。

本書でお伝えする内容は、脳科学や心理学などの「科学」に裏付けされた理論と、それを私や私のクライアントの方々が現場で「実践」してきたことをまとめた実践智の結晶です。

本書の目次をご覧になればおわかりいただけると思いますが、あなたの脳のクセを知り、その天才性を見いだして、それを**実際の生活の中で最大限生かすための理論とワーク**を数多く盛り込んでいます。

第1章「なぜあの人は、いつも成果を上げ続けているのか?」では、成功者に共通する脳の使い方をベースに、脳のメカニズムと、成功者とあなたの脳の使い方の違い、ギャップを自覚していただきます。

第2章「絶対に失敗する脳の使い方」では、多くの人が陥りやすい脳科学のワナを説き明かしながら、今まであなたがやってきた脳の悪いクセを直していきます。

第3章からは、いよいよ実践です。まず**第3章「自分の『成功人格』を自覚する方法」**では、ワークをやりながら、あなたが持っている成功人格を明らかにしていきます。

突然、「成功人格」と言われても戸惑う人も多いでしょう。詳しくは本書の中で解説していきますが、私たち人間は、誰でも「成功人格」と「失敗人格」という複数の人格を持っています。第3章では、そのうちの「成功人格」を自覚する方法をお伝えしていきます。

第4章「自分の『失敗人格』に適応する方法」では、これも人間なら誰もが持っている「失敗人格」について理論を交えながら解説し、ワークをやりながらあなたの失敗人格を明らかにし、その失敗人格に適応する実践的なやり方を具体的に示しています。

第5章「自分の『天才性』を発揮する」では、タイトルどおり、脳科学的な視点から開発したワークをやりながら、あなたの中に眠る「天才性」を明らかにしていきます。

なお、この本を読むだけでは、もちろん何の結果も得られません。ただ学んで満足するだけでは、今までと同じことの繰り返しです。

これから学ぶ内容を、あなたのペースで実際に取り組んでみてください。たった1つでもかまいません。「これだ！」と思った内容を、ぜひあなたの普段の生活や仕事で実践してみてください。

そうすれば、あなたの生活に間違いなく変化は訪れます。ぜひ、実践することを念頭に置いて、本書を読み進めていただければ幸いです。

石川大雅

自分に合った脳の使い方◎目次

第2章 絶対に失敗する脳の使い方

第4章 自分の「失敗人格」に適応する方法

第5章 自分の「天才性」を発揮する 231

装幀◎河南祐介（FANTAGRAPH）
本文デザイン&図版作成◎二神さやか
DTP◎株式会社キャップス

第1章

なぜあの人は、いつも成果を上げ続けているのか？

「成功者」って、どういう人？

成功者の特徴を挙げている本は、世の中にはたくさんあります。この本を読んでいるあなたも、今までにそういったことが書かれている本や雑誌を読まれたかもしれませんね。

でも、成功者の特徴や共通点が書かれている本をいくら読んでも、彼らと同じように成功者になれる人は、ほんのひと握りです。

なぜでしょうか？　気になりますよね。

このメカニズムについては、第2章「絶対に失敗する脳の使い方」で詳しくお伝えしていきます。

ところで、一般的に言われている成功者の特徴というと、あなたはどのようなイメージを持たれますか？

◎成功者は、明確な目標を持っている

◎成功者は、タイムマネジメントや習慣化などの自己管理能力が高い

◎成功者は、マーケティングやセールスなどのビジネススキルに長《た》けている
◎成功者は、誰よりも長時間働いて仕事に没頭している
◎成功者は、意欲旺盛《おうせい》で、何事も前向きに捉《とら》える気質を持っている
◎成功者はコミュニケーション能力が高く、誰とでも信頼関係を構築できる

だいたい、一般的に言われている成功者の特徴と言えば、こんな感じではないでしょうか？

でも、私は、**3万人近い成功者をインタビュー**する中で、これまで言われていることとは、**少し違う結論**を持つようになりました。

ちなみに、ここで言う「成功者」とは、経済的に豊かな人だとか、ビジネスですばらしい成功をおさめている人たちだけを指すのではありません。

世間でイメージされている成功者とは、都内の一等地の高層マンションに住んでいたり、高級外車を乗り回していたり、時間も自由に使えてしょっちゅう海外旅行に行っていたり……。こんな感じだと思います。

たしかにそういう一面もあると思いますが、私は必ずしもそれだけではないと思っています。

私がお伝えしている成功者とは、

「自分自身が本来持っている才能や天才性を最大限に発揮して、自分らしく豊かな人生を送っ

ている人」

のことです。

私がお会いしてきた人たちの中には、経営者や複数の会社を持つビジネスオーナーもいれば、サラリーマンやＯＬ、スポーツ選手や芸術家もいました。

特定の分野で経済的な成功をおさめてきた人たちもたくさんいますが、決してそのような人ばかりではありません。

たとえ経済的な成功をおさめていなくても、彼らは自分自身が持っている才能や天才性を、思う存分に発揮しています。普段の生活や仕事も、思いっきり楽しんでいます。彼らのまわりにいる人たちは、そんな彼らの影響を受け、同じようにとても充実した人生を送っています。

そんな人たちが、本当の意味での成功者だと私は思うのです。今後、「成功者」という言葉を繰り返し使うことになると思いますが、ぜひこの点はしっかりおさえておいてください。

脳科学の視点でわかった、成功者が共通して実践している3つのポイント

私は、さまざまな分野で活躍されている成功者の方々にインタビューをしてきたわけですが、

実はインタビュー内容を突き詰めていくと、彼らは共通して**「3つのポイント」**をおさえているだけだということがわかりました。

いずれも脳科学的な視点で挙げています。

①望ましい状態（ビジョン）を描く
②現状を自覚する
③ビジョンと現状のギャップを自覚し、そのギャップを解消するための課題に取り組む

「えっ、たった3つだけ？」

と思う人がいるかもしれませんが、はい、本当です。

脳科学的な見地から見ると、成功者は、この3つのポイントをおさえているだけだったのです。

脳は、常に「ネガティブ」なことに焦点を当てる

では、これら3つのポイントについてより詳しく見ていく前に、**私たちの脳の特性**について、

少し解説させてください。

私たちの脳は、よっぽど意識していない限り、現在の不平不満や問題解決に走りがちになるという特性があります。

何か不安なことや心配事があると、そちらにばかり目が向いてしまい、他のことが考えられなくなるのです。

仕事で重大なミスを犯してしまうと、そのことばかりが気になって、他の業務にまともに手をつけられない……。あなたも、こんな経験をしたことが一度や二度はあると思います。

でもこれは、私たちの脳の特性から考えてみると、**とても自然なこと**なのです。先ほどもお伝えしたように、**私たちの脳は、今抱えている不満や問題に目がいってしまうのが、ごく普通のこと**だからです。

ですから、よっぽど気をつけない限りは、この脳の特性から抜け出すことはできません。

でも、この状態が続くと、私たちの脳は、あるネガティブな結果を引き起こしてしまいます。

たとえば、仕事への取り組み姿勢にも悪い影響が出ます。目先の問題解決にのみとらわれるので、義務感や惰性で、仕事に取り組むことになってしまうのです。

「あぁ、今日は前から溜まっているあの仕事を片付けなきゃ！　でも、上司のAさんからは急ぎで仕事を頼まれているし、午後からの会議の資料も用意しなきゃいけないし……」

こんなことがずっと続いた状態では、前向きで意欲的に仕事に取り組める人がどれだけいるでしょうか？

こんな状況に陥っているときは、いわゆる〝やらされ感〟がとても強くなります。こうなると、私たちの脳は、何か新しい工夫を凝らしたり、効果的なアイデアを考えたりする創造的な能力が極端に低下してしまいます。もちろん、結果として仕事のパフォーマンスも下がってしまいます。

ビジョンを描くと、なぜ脳にいいのか？
――成功者が実践していること①「望ましい状態（ビジョン）を描く」

そのような状態に陥らないためにも、私は、**「まずは現状の不平不満や問題はいったん脇に置いて、自分が心の底からワクワクするようなビジョンを描くことが重要です」**とお会いした方にはお伝えしています。

成功者の共通点の1つ目に挙げた「望ましい状態（ビジョン）を描く」です。

ビジョンとは、**あなた自身の望ましい未来像**のことです。

あなたが将来、どんな生活をしていたいのか？　どんなところに住み、どういうライフスタイルを送っていたいのか？　どのような家庭を築きたいのか？

こんな未来像が、あなたのビジョンに当たるものです。

仕事であれば、あなたが仕事を通じてどんな成長をしていたいのか？　どのような仲間やお客様と一緒に仕事をしていたいのか？　仕事を通じてどのような価値を世の中に届けたいのか？　こんなことがビジョンに当たります。

自分がワクワクするようなビジョンを描くことができれば、私たちの脳は勝手に行動を起こしてくれます。

脳内で喜びや快楽などの感情を担当する「ドーパミン」という物質があふれ出て、行動を起こしたくてたまらない状態になるからです。

ビジョンを描きやすく、脳を安心させる方法

ただし、ここで1つ注意点があります。

不安や恐れなどのネガティブな感情にどっぷりと浸かっている人は、自分自身のビジョンを描けないことがあります。

「こんなに落ち込んでいるときに、明るい未来なんて描けるはずがないじゃないか！」

このように考えてしまうので、自分が本当にワクワクするようなビジョンを描くことができないのです。

この状態に陥っている人に、「あなたがワクワクするようなビジョンを描いてください」と伝えても、はっきり言って無理です。

その人の脳は、そんなことを考えられる状態ではないからです。

このような人の場合は、まずは自分自身の脳を安心させる必要があります。


では、脳を安心させるためにはどうすればいいのでしょうか？

脳を安心させるためには、**不安や恐れなどのネガティブな感情をもたらしている、根拠を明確にする**ことが重要です。

私たちの脳に最もダメージを与えるのは、根拠がはっきりしていない、漠然とした不安や恐れです。

漠然とした不安や恐れに対しては、どのように対応したらいいのかがわかりません。その結果、長い時間にわたってネガティブな感情を持ち続けることになります。

この状態が続くと、脳にダメージを与えてしまうことになるのです。

漠然とした不安や恐れを抱えている人は、

「私はいったい、どのようなことに対して不安や恐れを感じているんだろう？」

このように自問し、漠然とした不安や恐れの根拠を見つけ出してください。

不安や恐れの根拠がわかれば、私たちの脳は冷静に対応策を考えることができます。

「ビジョンを描く」とは？

ここまでビジョンを描くことの重要性についてお伝えしてきましたが、ビジョンを描くとは、具体的にどういうことなのか、もう少し掘り下げてみます。

デートにたとえて考えてみましょう。

たとえば、あなたが想いを寄せる相手とのデートが、明日に迫っていたとします。その前日の夜、あなたはどんな気持ちになりますか？

きっと、ワクワクやドキドキ感でいっぱいのはずです。いつの間にか明日着ていく服のことを考えていたり、デート中のシーンなどを妄想してしまう人もいるかもしれません。

「当日会ったらあの話をして、その後は一緒に買い物をして、今話題のココでランチをして、夜は映画館に行って……」

義務や惰性ではなく、このようなイメージを自然と膨らませると思います。

当日の朝は、目覚ましなどかけなくても早起きができるかもしれません。明日の朝が来るのが待ち遠しくてたまらない、まさに「行動したくてたまらない状態」になっているのです。

ビジョンについても、同じことが言えます。

「行動したくてたまらないビジョン」を描くからこそ、私たちはそのビジョン実現に向かって行動することができるのです。

私がインタビューしてきた成功者の方々は、例外なく自分がワクワクするようなビジョンを持っていました。

だから彼らは、どんな困難や目の前に立ちはだかる壁があったとしても、前を向いて走り続けることができるのです。

自分がワクワクするようなビジョンが、彼らを突き動かすのです。

「ビジョン」と「目標」の違い

ところで、この話をすると、「ビジョンと目標は、どう違うのですか?」と質問をされる方がいます。

目標とは、ビジョンを達成するための通過点です。仮に、フルマラソンのゴールラインがビジョンだとすると、コースの途中にあるいくつかの中継所が目標のようなものです。フルマラソンのゴールラインに到達するためには、中継所をしっかりと通過しなければいけませんよね。ビジョンと目標も同じような関係です。

私は、**1つのビジョンに対して、目標は複数設定すると効果的**だとお伝えしています。

ただし、ただ単に目標を掲げるだけでは、ほとんどの目標は実現することができません。

たとえば、多くの会社では営業マンに目標設定を課しています。

「今年の売上目標は1000万円だから、月平均にすると100万円の売上が必要だな。1カ月25日と計算すると、毎日4万円の売上が必要で、4万円の契約を獲得するには訪問件数が10件で……」

このように、目標の数字をどんどん具体的な数字に落とし込んでいくのです。

「目標の落とし込み」や**「ブレイクダウン」**と言われる考え方です。

でも、たいていの人は、このやり方ではうまくいきません。「目標を立てることが目標」になってしまっているからです。

自分がワクワクするようなビジョンがないので、結局は目標設定も義務感ややらされ感で取り組むことになります。そんな状態で立てた目標に、誰が真剣になって取り組むでしょうか？

「目標を立てるための目標」に、まったく意味はありません。

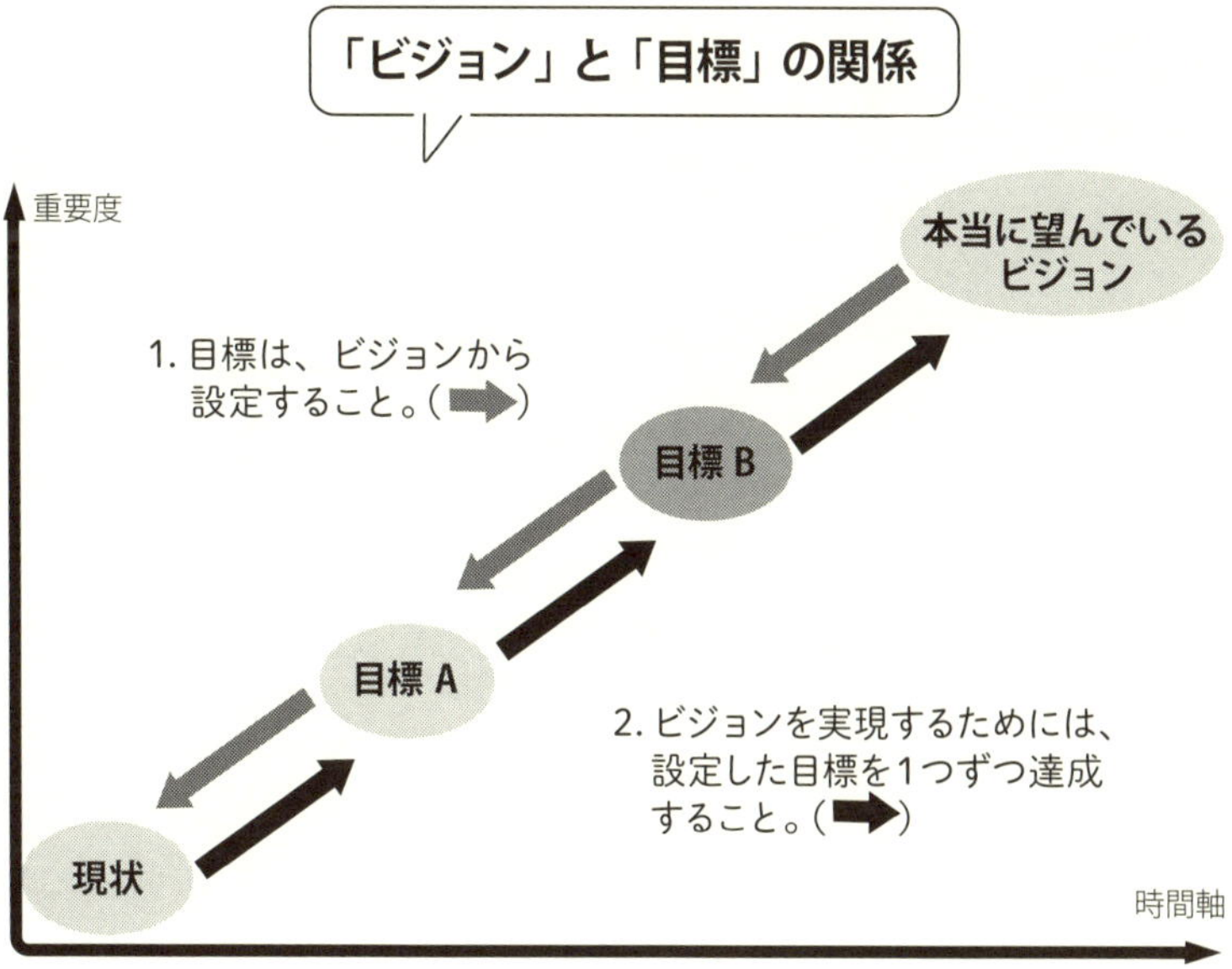

「目標」とは、「ビジョン」に近づくため、実現するために、まず到達しなければならない**通過点**。したがって、「目標」は単に1つではなく、複数設定することが多い。

はっきり言って、時間のムダです。そんな目標であれば、むしろ設定しないほうがいいくらいです。

結果につながる「ビジョン」の描き方

では、どのようなことに気をつけながら、ビジョンを描けばいいのでしょうか？

このときに大切なのが、「イメージ」という考え方です。

とても大切なことを言います。

私たちの行動はすべて、イメージに依存しています。

何かしらの行動を起こす前に、私たちは頭の中で必ず「イメージ」をつくり出しています
（条件反射や生理現象は例外とします）。

たとえば、お昼ごはんを食べるときもそうです。

あなたは、今日のお昼ごはんに何を食べましたか？

たとえば、カレーを食べた人なら、カレー屋さんに足を運ぶ前に、必ず「今日はカレーを食べよう」というイメージを頭の中でつくっています。

おそばを食べた人なら、おそばを食べるイメージをつくってから、おそば屋さんに足を運ん

でいるはずです。ずっと前からイメージしていなくても、お店に入る直前では必ずイメージをつくってからお店に入っているはずです。

私たちの脳は、まずイメージをつくってから、そのイメージに基づいて行動をするからです。

この考え方は、ビジョンを描くときにも活用できます。

はっきりとしたイメージの伴ったビジョンをつくり出すことができれば、そのビジョン実現の可能性は非常に高いということです。

はっきりとしたイメージがあれば、私たちはそのイメージに基づいて行動ができるからです。

逆に、イメージがぼんやりとしていたり、曖昧《あいまい》なままでは、私たちはそもそも何を行動すればいいのかもわかりません。

あなたがビジョンを描くときも、はっきりとしたイメージができているかを、ぜひチェックしてみてください。

成功者は、目先の問題解決にとらわれるのではなく、はっきりとしたイメージを持って、ビジョンを描いています。だから、実現に向かって行動できるのです。

成功者が実践していること②「現状を自覚する」

「認識」するのではなく、「自覚」する

成功者が実践している2つ目のポイントは、「現状を自覚する」です。

「現状を自覚する」と言うと、「なんだ、そんな簡単なことなのか。私だってちゃんと現状を認識しているよ」と思われる人もいるかもしれません。

でも、ここで重要なことがあります。

それは、**ただ単に現状を「認識」しているのと、現状を「自覚」することはまったく違う**ということです。

本書では、「自覚」という言葉が繰り返し登場してきます。「認識」ではなく、「自覚」と言っているのには、理由があります。

「認識」とは、頭だけで理解した程度のことを言います。

次ページの「気づきのレベル」の図をご覧ください。

この図で言うと、認識とは「ふーん、そう言えばそうだな!」や「ふーん、そうだな!」という程度の気づきです。

結局は、「他人ごと」なので、あなたの行動が変わることはありません。

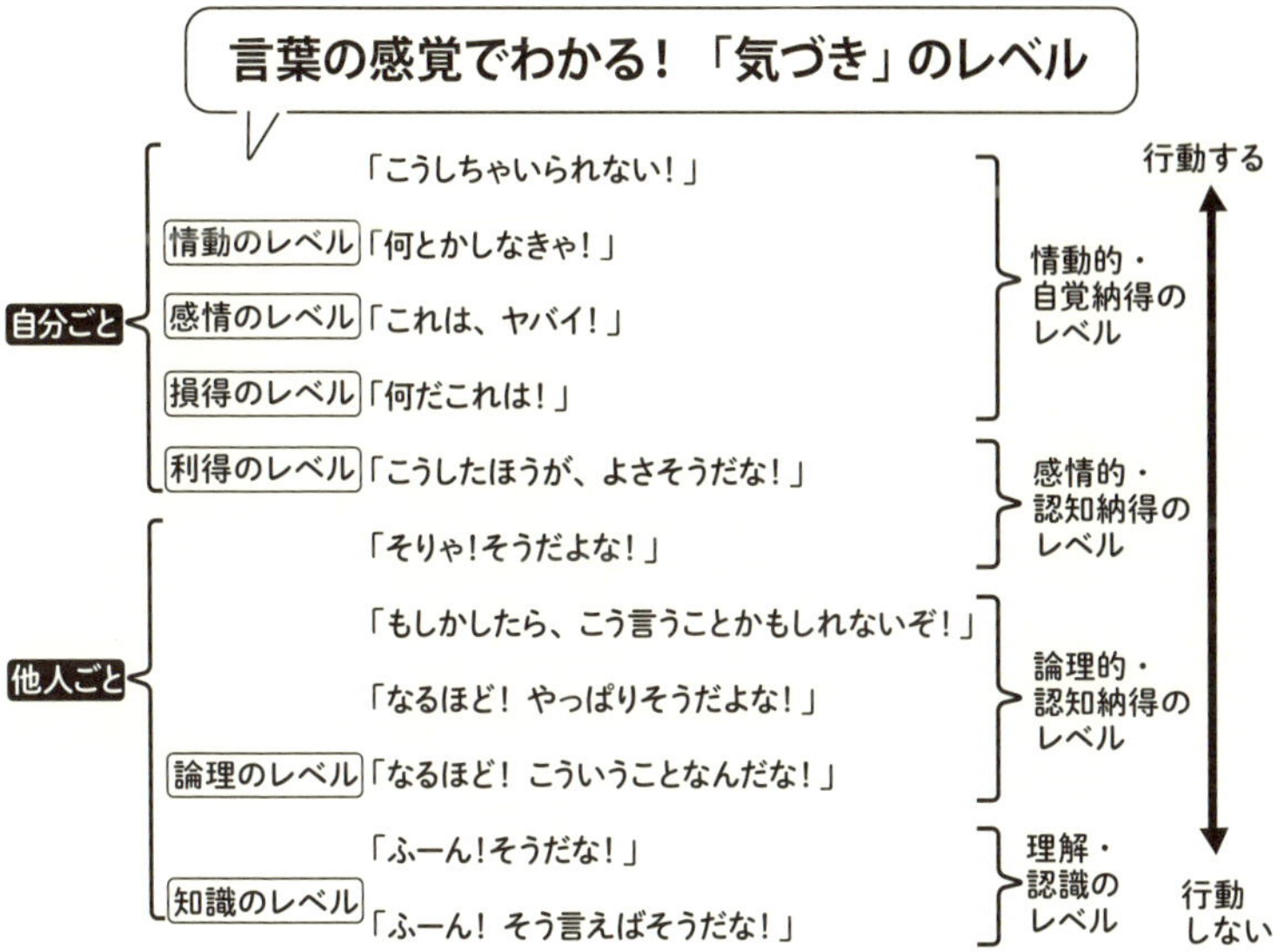

上司や同僚がいくら教えても、考え方や行動がまったく変わらない人がいますよね。

このような人にとっては、上司や同僚のアドバイスは、結局は他人ごとなのです。

「まぁ、君の言っていることもわからなくはないけど……」とか、「機会があったら取り入れてみるよ」とか、「そんなの、わかってるよ」。

こんなことを言っているうちは、いくらアドバイスをしたとしても、しょせんは「認識」している程度です。「認識」をしているだけでは、私たちの行動は変わりません。

一方、**「自覚」とは、強い気持ちや感覚が伴った強烈な実感**のことを意味します。

「気づきのレベル」の図で言うと、「こうしちゃいられない！」や「何とかしなきゃ！」という「自分ごと」の気づきのことを指します。

成功者の方々は、どこかのタイミングで、「自分の現状は○○なんだ！」と強い自覚をしています。

この自覚があるからこそ、自分の行動を変化させることができるのです。

「認識」から「自覚」に変わる瞬間

「痛い目を見ないとわからない」とよく言われますが、成功者と言われる人はまさにそう。人生のどこかのタイミングで、今までの考え方や価値観（大切だと思っている考え）を変えるような体験をしている人がほとんどです。

私がお会いした、ある経営者もその一人です。その人は母親から引き継いだ会社を経営する二代目社長でした。

先代の母親が残してくれた社員やお客様のおかげで、会社の業績は順調そのもの。売上も安定しているし、お客様も変わらず付き合ってくれている。そんな状態に安心しきっていたそうです。

でもあるとき、会社の創業当時から懇意にしてくれていたお客様に、こう言われたのです。

「お母さんの代は、私たちお客様のことを真剣に考えて仕事をしてくれていたけど、あなたの代になってから会社はどこか変わった。本当にお客様のことを考えて仕事をしているの？」

この瞬間、その社長は強烈に実感したそうです。

「このままではマズイ！　俺が変わらなければ、会社はダメになってしまう」

まさに、「自覚」をしたのです。

それから社長は気持ちを新たに仕事に取り組み、今では先代が築いてきたものをしっかりと受け継いで、さらに会社を発展させています。

なかなか成果が上がらない人が、気づいていないこと

繰り返しになりますが、認識をする程度の気づきでは、いつまで経っても行動が変わることはありません。

セミナーに参加したり、**たくさん本を読んでも結局変わらないのは、それが認識程度の気づきしか得られていないから**です。

なかなか思うような成果が上がらない人は、どうしても現実から目をそらしがちです。

自分のネガティブな部分を見たくないから、自分の現実を受け入れることができないのです。でも、いつまでも目をそらしているばかりでは、現実を変える行動を起こすことはできません。

ポジティブな部分も、ネガティブな部分も含めて、**「自分の現状は、○○なんだ！」と強く自覚ができることが重要**なのです。

ぜひ、「認識」ではなく、「自覚」することを意識して取り組んでみてください。

なお、この「認識」と「自覚」の違いは、本書を読み進めていくうえでとても重要なので、しっかり覚えておいてください。第4章で、改めて詳しくお伝えしていきます。

情報洪水時代だからこそ、求められること――成功者が実践していること③
「ビジョンと現状のギャップを自覚し、そのギャップを解消するための課題に取り組む」

成功者が実践している3つ目のポイントが、「ビジョンと現状のギャップを自覚し、そのギャップを解決するための課題に取り組む」ということです。

これは一般的にも浸透している考え方なので、すでに知っている人も多いかもしれません。

現代は、あらゆる情報があふれています。

仕事であれば、あなたが直面する問題の解決策のほとんどは、書籍や雑誌、インターネットなどを活用することで手に入れることができます。

たとえば、製造業の会社に勤めているマーケティング部門の男性がいたとします。その男性が、今後のマーケティング方法を探すために、グーグルで「製造業　マーケティング」と検索したとします。

すると、1秒も経たないうちに、100万件を超す検索結果が得られるのです。本当かどうか気になるあなたは、ぜひ試してみてください。

でも、短期間で100万件の検索結果を調べ上げることは物理的に不可能です。マーケティングという幅広いキーワードではなく、自社の現状や競合先の状況も踏まえたうえで、もっと適切な課題を設定するほうがうまくいきます。そうしなければ、ただただ膨大な情報の量に圧倒されるだけです。

先ほどもお伝えしたように、**あなたが今後直面する問題のほとんどは、世の中ではすでに他の誰かが解決**しています。

これは、とても大切な考え方です。

問題や課題の解決策自体は、手に入りやすい世の中に変わってきているのです。

だからこそ、ビジョンや目標の実現のために、最も効果的な課題を明らかにすることがとても重要になります。

発見！　頭でわかっていても、行動できない理由

成功者が実践しているたった3つのポイント、あなたはしっかりと自分のものにできそうですか？

取り組む内容は、すごくシンプルですよね。

とは言うものの、この3つのポイントって、言葉で言うのは簡単ですが、実際に取り組むとなると、そう簡単にいかないものです。

また、まったく同じとは言わないまでも、同じようなことが書かれている本や、同じ内容を伝えているセミナーもたくさんあります。

たとえば、

「あなたが本当に目指すべきビジョンを明確にしてください！」

「あなたが本当にやりたいことは何ですか？　それが漠然としているから、あなたは行動ができないんですよ！」

「ギャップを1つずつ解消していけば、目標は必ず達成できます！」

など、この本を読んでいるあなたなら、同じようなニュアンスの言葉をすでに聞いたことがあると思います。

でもそうだったら、おかしいと思いませんか？

細かい表現は違っても、

①望ましい状態（ビジョン）を描く

②現状を自覚する

③ビジョンと現状のギャップを自覚し、そのギャップを解消するための課題に取り組む

この3つのポイントの重要性については、多くの人が知っているわけです。

しかし、それを**知っているほとんどの人は、頭ではわかっていても、実際に取り組むとなると、それができない**のです。

なぜ、こんなことが起きてしまうのでしょうか？

私は、その理由を3万人の成功者にインタビューする中で発見しました。

成功者たちが言葉にしていない、ある「共通点」を持っていたことを発見したのです。ほとんどの人は、この「共通点」をおさえていないために、どれだけ学んでも、思うような成果を

手にすることができないのです。

成功者たちが無自覚でおさえていた「共通点」は、次の3つです。

◎うまくいくモードを自覚している
◎失敗するモードに適応している
◎天才性を最大限に発揮している

ここからは、私が約30年間のコンサルタント人生で発見した「成果の出る人の3つの共通点」をお伝えしていきます。

誰でも複数の「人格」を持っている

ここで1つ質問させてください。

「私たちは誰でも複数の人格を持っています」と言われたら、あなたはどう思いますか？

「えっ？　いったいどういうこと？」

「あの多重人格ってやつ？　まさか、そんなことあるわけないじゃん」

「正常な人なら、人格は1つに決まってるでしょ！」


このように、さまざまなことを思うでしょう。

でも、結論から言うと、私たちは誰でも、複数の人格を持っています。

もう少し詳しく説明します。


一般的に認識されている多重人格とは、専門的に言えば「解離性同一性障害」という精神の病です。解離性同一性障害の大きな特徴は、各人格でそれぞれの記憶が分断されている点です。

Aさんの人格になっているときはBさんの人格の記憶がなく、Bさんの人格でいるときはAさんの人格の記憶はありません。

それぞれの人格が解離してしまっているのです。

解離性同一性障害を扱った有名な作品で、『24人のビリー・ミリガン』（ダニエル・キイス著）という小説があります。実話に基づいたストーリーで、ビリーという一人の男性が、他の23人の人格を形成しているというものです。

一方、私が先ほど述べた「人間は誰でも、複数の人格を持っている」とは、この解離性同一性障害とはまったく違う考え方です。

脳科学的に言うと、**「シナプスを介する神経回路の組み合わせが人格」**だと思ってください。

わかりやすく言えば、脳の神経回路の組み合わせが変化することによって、私たちの人格は変化するという考え方です。

最近では、脳科学関連の専門書でも、一人の人間が複数の人格を持っていることが明らかにされつつあります。

満員電車に乗る前と乗った後で、脳は変化している

人格という言葉がしっくりこない人は、**「モード」**や**「パターン」「側面」**といった言葉に置き換えてもらってもOKです。

たとえば、こういうことです。

ある日の朝、あなたは通勤時にギュウギュウの満員電車に乗ったとします。まともに身動きすらとれない車内。停車と発車を繰り返すたびに、まわりの人に押し潰《つぶ》されて息が詰まりそうになる。しまいには、昨日買ったばかりのカバンは潰されるわ、足も踏まれるわ、隣の人はやたら汗臭いわ……。思わず顔もしかめっ面になります。そして、自分が降りる駅までひたすらこの地獄の環境に耐え続けているあなた。

想像してみてください。こんなとき、あなたはどんな気分になりますか？

今朝テレビで観た占いであなたの運勢が1位だったとしても、昨日買ったばかりのカバンにうっとりしながら家を出たとしても、きっとそんなものは吹き飛ぶくらいのネガティブな気分にどっぷりと浸かるでしょう。

朝はとてもハッピーな気分だったのに、満員電車に乗った途端に気分は最悪。

これこそまさに、「人格」が変わっている瞬間を表したエピソード（出来事）です。

先ほど言ったように、**脳の神経回路の組み合わせが瞬時に変わっている**のです。

人格が変わると、感情も変化します（朝はハッピーだったのに、満員電車で気分は最悪）。

さらに、**人格が変わると、行動も変化**します（気分は最悪で、思わず顔もしかめっ面）。

私が言っている人格と解離性同一性障害との大きな違いは、それぞれの人格になっているときの記憶が分断されていない点です。

その日一日を思い返してみると、「たしかに、朝の満員電車のせいで不機嫌になった私もいるよね」と、思い出すことができます。

これが、私が言っている人格の大きな特徴です。

あなたも、今日の職場での一日を思い返してみてください。

「ムカつく上司に、そっけない態度を取ってしまったなぁ」とか、「そういえば、驚くほど仕事に集中できて、まわりの雑音すら気にならないときもあったなぁ」とか、「同僚との飲み会で、やけに騒いで日頃のストレスを発散してたなぁ」とか、振り返ってみると、さまざまな人格が表れているはずです。

このように、**私たちは、誰でも複数の人格を持って生活している**のです。

うまくいくモードを自覚している——成果の出る人の共通点①

私は、誰もが持っている複数の人格を、**「成功人格」**と**「失敗人格」**という大きく2つの人格のタイプに分けています。

その名のとおり、「成功人格」とは、**パフォーマンスが高く、常にあなたに成功をもたらす人格**のことです。

ただし、この**成功人格は、一人の人間につき、たった1つしか存在していません。**

成功人格でいるときは、仕事や勉強、スポーツなどのあらゆる分野で、最高のパフォーマンスを発揮することができます。

つまり、成果の出る人の共通点の1つ目「うまくいくモードを自覚している」とは、「成功人格」を自覚して、思うように使いこなすことができることです。

もちろん、私のセミナーやコンサルティングを受けた人以外は、「成功人格」なんていう言葉を使うことはありません。そもそも、成功人格という考え方を知らないのですから。

でも、そんな言葉を知らなかったとしても、成功者たちは、自分の「うまくいくモード」を自覚して、実践しています。だから、常に高いパフォーマンスを発揮できるのです。

では、この「うまくいくモード」を自覚して使うためにはどうすればいいのか？

それは、第3章で詳しくお伝えします。

失敗するモードに適応している——成果の出る人の共通点②

成果が出る人の共通点の2つ目「失敗するモードに適応している」は、1つ目の「うまくいくモードを自覚している」とは正反対の考え方ですね。

先ほど少しキーワードが出ましたが、これは「失敗人格」という考え方に基づいています。

これは、文字どおり、**パフォーマンスが低く、ネガティブな結果を引き起こしてしまう人格**のことです。

たとえば特に日本人に多いのが、対人関係における失敗人格です。

「人に嫌われたくない」との思いからまわりに合わせて行動をして、結果としてストレスを抱えている人を、私は何人も見てきました。このような現象は、すべて失敗人格によるものです。

成功人格は一人につき1つしか存在していませんが、私の経験上、**失敗人格は、健常者の人でも、一人につき40〜50個くらい存在**しています。ちなみに私も、約50個の失敗人格を持っています。


こんな話をすると、「健常者の人でも40〜50個くらいの失敗人格を持っているだって？ そんなのあるわけない！ 嘘《うそ》つけ！」とたいていの人は私の話を信じません。

ですが、ネガティブな結果の程度の差こそあれ、私のセミナーやコンサルティングを受講した人は例外なく、2桁《けた》を超える自分の失敗人格に気づいていきます。過去に私のクライアントで、250個の失敗人格を書き出してきた女性経営者もいました。

ただし、**ほとんどの人は、自分の中に存在する失敗人格の存在を自覚していません**。

それもそうですよね。そもそも、「自分の中に複数の人格がいる」という考え方を持っている人すらほとんどいないのですから。

でも、失敗人格の存在を自覚していないがために、人生をムダに過ごしている人は驚くほど多くいます。

たとえば、職場での人間関係。

私がお会いした女性で、職場での人間関係がいつもうまくいかないという人がいました。上司や同僚とコミュニケーションを取りたいと思ってはいるものの、恥ずかしくて自分からはなかなか声をかけられず、結局はいつも一人ぼっち。

彼女は、そんな自分を責めていました。

「自分はコミュニケーション能力が低い、自分には人と仲良くなる資格なんてない、自分は誰とも良い関係を築くことができないんだ……」

こんなふうに自己否定をしていたのです。

でも、私から言わせれば、それはただ単に「人とのコミュニケーションを拒否してしまう失敗人格」が出ているだけのこと。

それなのに、「他の人と上手にコミュニケーションを取れない自分は、なんてダメな人間なんだ……」と、多くの人は自分を責め続けてしまうのです。

まずはその失敗人格の存在に気づき、その失敗人格に上手に対応する方法を身につければいいだけなのです。

うまくいかないときは、失敗人格が出ているだけ

この人のように、多くの人は、**自分の中にいる失敗人格の存在を自覚していないために、自分のことを責めたり傷つけたりしてしまいます。**

あなたの身体は、たった1つしかありません。でも、その1つの身体の中には、複数の人格が存在しているのです。

たとえば、仕事で思うような成果が上がらなかったときも、

「私はなんて能力の低い人間なんだ。きっとこのまま、うだつのあがらない社員として一生を過ごすんだろうな……」

と自分を責めてしまいます。

しかし、これも「生産性の低い失敗人格のままで仕事をしているだけ」なのです。

まずは自分の中に「生産性の低い失敗人格のままで仕事をしている自分がいるんだなぁ」と、**失敗人格の存在を自覚し、その失敗人格と上手に付き合っていく術《すべ》を身につければいい**だけなのです。

実際、先ほどの社内でのコミュニケーションが取れなかった人は、失敗人格の存在に気づい

たことで、大きな変化を手にしました。

まず、自分を責めることがほとんどなくなりました。他の人と上手にコミュニケーションが取れないときも、「そうか、これは私の失敗人格が出ているだけなんだ。だから無理にコミュニケーションを取ろうとしなくてていいんだ」とすぐに気持ちの切り替えができるようになりました。仕事で抱えているストレスも、大幅に軽減したと聞いています。

今では、失敗人格から脱出する方法も身につけたので、職場でのコミュニケーションもまったく問題ないと、うれしそうに話してくれました。

しかし、多くの人は、失敗人格という考え方を持っていないために、自分を責めたり傷つけたりしてしまいます。

ひどい人になると、うつなどの精神の病にかかってしまい、最悪の場合は、自ら命を絶つ人もいます。

私はこの失敗人格の考え方を広めることで、少しでもそんな社会に貢献できるのではないかと本気で思っています。

第4章で、失敗人格に適応する方法をきちんとお伝えしていきます。

天才性を最大限に発揮している——成果の出る人の共通点③

成果の出る人の共通点のラスト3つ目は、「天才性を最大限に発揮している」です。

成果の出る人は、自分が本来持っている天才性をフルに発揮しているからこそ、常に高いパフォーマンスを出すことができます。

でも、この話をすると、こんな疑問やマイナスなことを言う人もいます。

「いやいや、私に天才性なんてあるわけがない。そんなのは、一部の限られた人のことだよ。一般人にそんなのあるわけはない」

このように、自分の天才性そのものを疑ってしまうのです。

私たち日本人は特に、「まわりと同じことが美徳」とされて教育を受けてきました。学校教育で、こんなにも「協調性」が一貫して重要に扱われるのも、先進諸国ではとても珍しいことです。

「出る杭は打たれる」ということわざもあるように、ちょっとみんなと違うことをしていると、まわりからは白い目で見られます。特に自分が勉強したいわけでもないのに、「まわりの人が大学に行っているから」という理由で大学進学を決める学生が驚くほど多い。私にはそれが不思議に思えてなりません。

私たちは知らず知らずのうちに、「まわりと同じことは、すばらしいことである」というような刷り込みをされてしまっているのですね。

でも、安心してください。キレイごとでも何でもなく、**私たちは一人ひとり、誰でも自分自身の天才性というものをしっかりと持っています。**

私は、脳科学や心理学といった**「科学」を使って、自分自身の天才性を発揮する方法**を、お会いした人たちにお伝えしています。

もちろん本書でも、できる限りそのエッセンスをお伝えしていくつもりです。実はそれが、本書で私があなたに一番お伝えしたいメッセージでもあります。

あなたが自分の天才性を自覚し、その天才性を発揮してもらう方法については、第5章で詳しくお伝えしていきます。

脳を使いこなすためのキーワード「合脳的」

ここまで、「成果の出る人の共通点」として、

①うまくいくモードを自覚している
②失敗するモードに適応している
③天才性を最大限に発揮している

この3つのポイントもそうなんですが、私がお会いした方々に必ずと言っていいほどお伝えしている、とても重要なことがあります。

それは、**「合脳的」**という考え方です。

ここで言う合脳的とは、**「一人ひとりに合った、効果的な脳の使い方」**という意味です。

私は、約30年間にわたるコンサルタント人生の中で、**成功者は、みんな「合脳的」である**という共通点を見いだしました。

一夜漬けは、記憶に定着しにくい「非合脳的」な行為

では、「合脳的」とは、具体的にどういうことでしょうか?

たとえば、私たちの脳には、「海馬《かいば》」と呼ばれる部位があります。

タツノオトシゴみたいな形をしているのですが、この海馬は脳の中で、**短期記憶を長期記憶**

として定着させる役割を果たしています。

わかりやすく言えば、**「すぐに忘れていい記憶」**と、**「長期間保存しておくべき記憶」**の区別をしてくれているのが海馬です。

自宅の電話番号を忘れる人は、あまりいませんよね。これは、海馬が「自宅の電話番号を長期記憶化している」という役割を果たしてくれているからです。

一方、よっぽどのことがない限り、一週間前の夕食を覚えている人はいないと思います。こんなすぐ忘れ去ってしまう記憶のことを、短期記憶と言います。

このように、あなたが長期記憶と短期記憶の区別ができているのも、海馬のおかげです。海馬は、「長期記憶と短期記憶の区別」をしてくれている、非常に重要な部位なのです。

海馬が特徴的なのは、**「睡眠を取ることで記憶の編集をしてくれる」**点です。

試験勉強を思い出してみてください。学校の試験が翌日に迫り、ほとんど一睡もせず一夜漬けで試験に臨んだ経験はありませんか？

この方法、実は脳科学的には、とても「非合脳的」です。

先ほども述べたように、私たちの脳にある海馬は、**睡眠を取ることで記憶の編集をしてくれて、その記憶を長期記憶化してくれる**という働きがあります。

長期記憶になるということは、あなたの頭の中の記憶として、より定着しやすくなるわけです。

試験で言えば、学んだ内容がより身につくということになります。

なのに、あなたがほとんど睡眠を取らないということは、その海馬の機能を使いこなしていないことと同じなのです。

すごくもったいないですよね。必死で覚えた歴史の年号や英単語を覚えるために費やした時間が、水の泡になってしまいます。

だから私は、資格取得や試験勉強などに励んでいる人がいたら、「ほんの少しでもいいので、必ず睡眠時間を取ってください」とお伝えしています。

そのほうが、「合脳的」だからです。脳の本来の機能に合致しているのです。

本書では、引き続き「合脳的」をキーワードに、脳科学や心理学に裏付けられたさまざまな考え方や手法をお伝えしていきます。

すぐに実践できることばかりですので、ぜひあなたも普段の生活の中に取り入れてみてください。

「合脳的な脳の使い方」は、一人ひとり異なる

ではどうすれば、あなたの脳が合脳的に働いてくれるのでしょうか？

ここで、とても大切なことをお伝えします。

それは、**「合脳的な脳の使い方は、人によって異なる」**ということです。言い換えれば、**「あなたには、あなただけの合脳的な脳の使い方がある」**ということです。


あるエピソードを紹介しましょう。

私のもとに相談に来た鍼灸《しんきゅう》師のYさんのお話です。

Yさんは当時、あることで悩んでいました。

それは、「鍼灸師になるための国家試験に合格したいけれど、なかなか覚えられない科目がある」というものでした。

Yさんは、身体の経絡《けいらく》の名称を覚えることに、とても苦労していました。

経絡とは、身体のツボのことです。身体のどこに何のツボがあるのか、それが覚えられずに苦労していました。

私は、そんなYさんの悩みをしばらく聞いた後、こう尋ねました。

「Yさんが経絡を覚えるのに苦労していることはよくわかりました。ちなみにお聞きしたいのですが、逆にYさんが得意としている科目はありますか？」

私の質問を受けたYさんは、迷わす答えました。「はい、あります」と。

この答えが聞けたらしめたものです。私はYさんに、Yさんが得意としている科目と、その学び方について細かく質問していきました。

すると、とてもおもしろいことを発見しました。**Yさんが得意としている科目と、Yさんが苦手としている経絡を覚えるための学び方は、まったく異なっていた**のです。

具体的には、Yさんが得意としている科目は、専門用語や重要な単語を暗記している最中に、実際に身体の部位を触って手を動かしていたのです。

一方、Yさんが苦手な経絡を覚えるための科目は、ひたすら単語を丸暗記するだけ。自分の声を録音して通勤時などにその名称を覚える努力もしていたのですが、まったく覚えられなかったのです。

この2つの科目の学び方の違いから、ある1つの結論が導き出されます。

Yさんにとって「合脳的」な試験勉強の方法とは、言葉だけでなく、実際に身体を動かしたり筋肉を触ったりすることなのです。

苦手な科目ほど必死に覚えようとしていたYさんですが、それはまったく「非合脳的」でした。

だから私は、得意科目の学び方を参考にしながら、苦手な経絡の学び方も、できる限り身体を使いながら覚えるようにアドバイスしました。

その結果、どうなったか？

今まではクラスで下から3番目ほどの成績だったYさんは、試験当日にはトップクラスの成績で合格したそうです。そして、今ではYさんは、都内で鍼灸師として活躍されています。

このように、**私たちはそれぞれ「合脳的」な脳の使い方を持っています**。私には私の、あなたにはあなたの「合脳的」な脳の使い方があります。

Yさんのように、自分だけの合脳的な脳の使い方を身につければ、今よりもさらに大きな成果を手にすることができるのです。

私は、あなたにとっての「合脳的な脳の使い方」を身につけるためのエッセンスを、本書でお伝えしていきます。

私がお伝えする内容を実践すれば、あなたも「合脳的な脳の使い方」を身につけることができます。ぜひ引き続き、楽しんで読み進めてみてください。

第2章

絶対に失敗する脳の使い方

結果につなげる第一歩は、悪い「脳のクセ」を直す

第1章では、「成果が出る人の共通点」として、私が約30年間にわたるコンサルタント人生の中で発見した成功者の特徴を、3つのポイントに分けてお伝えしてきました。

ここからは、その3つのポイントを各章にわたってより詳しくあなたにお伝えしていきたいと思います。

でもその前に、あなたと一緒に確認しなければいけないことがあります。

それは、**あなた自身が「失敗する脳の使い方」をしていないか**ということです。

第1章でお伝えしたように、成果の出る人たちには必ず共通点があります。

一方、なかなか成果の出ない人たちも、ある共通点を持っています。

それは、「失敗する脳の使い方」をしていることです。

「失敗する脳の使い方」をしているうちは、いくら成功者の特徴を学んでも、成果が出ることはほとんどありません。

結果を出すためには、**「成功する脳の使い方」を実践すると同時に、自分の身体に染みついた「失敗する脳の使い方」を改善する必要がある**からです。

たとえば、野球でも、監督やコーチは効果的なバッティング方法を伝えるのはもちろんですが、それだけでなく、選手一人ひとりの悪い「クセ」（効果的でないクセ）を直す指導もします。

スランプに陥った選手がいたときには、バッティングフォームをビデオカメラで撮影して、調子が良いときと悪いときを比べたりもします。

いくら効果的なバッティング方法を伝えたとしても、その選手自身の悪い「クセ」が直らなければ、十分に力を発揮できないからです。

私たちの脳も同じです。

いくら**「合脳的な脳の使い方」を学んだとしても、「失敗する脳の使い方」が染みついていれば、十分な効果を発揮することはできません。**

これから本書でお伝えしていく内容をしっかり吸収するためにも、あなた自身が「失敗する脳の使い方」をしていないか、チェックすることが重要です。

成果の出ない人がやっている3つの間違い

本章では、「失敗する脳の使い方」の代表例を3つ挙げていきます。

この3つの代表例は、うまくいかない人に必ずと言っていいほど見られる脳の使い方を、私がまとめたものです。

ただ単に3つの代表例を挙げるだけでなく、それぞれの対応策もきちんと示しています。ぜひこの章を読んで、あなたも失敗する脳の使い方をしないように心掛けてください。

「失敗する脳の使い方」の3つの代表例は、次の3点です。

◎失敗する脳の使い方①「無意識を使えばうまくいく」
◎失敗する脳の使い方②「モチベーションを上げる」
◎失敗する脳の使い方③「成功者は大量に行動している」

うまくいかない人ほど、この3つの脳の使い方が正しいと信じ、実践しようとしています。でも私は、この3つの脳の使い方が、合脳的ではないという真実を発見しました。

この3つの「失敗する脳の使い方」をおさえれば、あなたは本書でお伝えする内容をより深く学ぶことができます。**結果を手にするまでの時間も、ずっと短縮**できます。

先ほどの野球の例を思い出してください。野球選手の悪い「クセ」のように、「失敗する脳の使い方」とは、いわば、脳が持っている悪い「クセ」のようなものです。この悪いクセを改善することができれば、本書から得られる成果は何倍にも高まります。

無意識を使えばうまくいく――失敗する脳の使い方①

最初に取り上げる代表例は、「無意識を使えばうまくいく」です。

願望実現や成功法則などに関心がある人なら、一度くらいは「無意識」という言葉を聞いたことがあると思います。

意識のことを顕在意識と言い、無意識のことを潜在意識とも言ったりします。

次ページの意識と無意識を氷山にたとえた図に、見覚えのある人も多いでしょう。

このように、心理学を学んでいる多くの人が、人間の意識を氷山にたとえて説明しています。

その説明とは、次のようなものです。

普段、私たちが意識している領域は、氷山にたとえれば、目に見えている部分にしか過ぎない。

海の中にある目に見えない部分、これが実は無意識である。

つまり、私たちが普段から意識していることはほんの一部分であって、大半が無意識によって構成されている。

従来の「意識」と「無意識」の関係

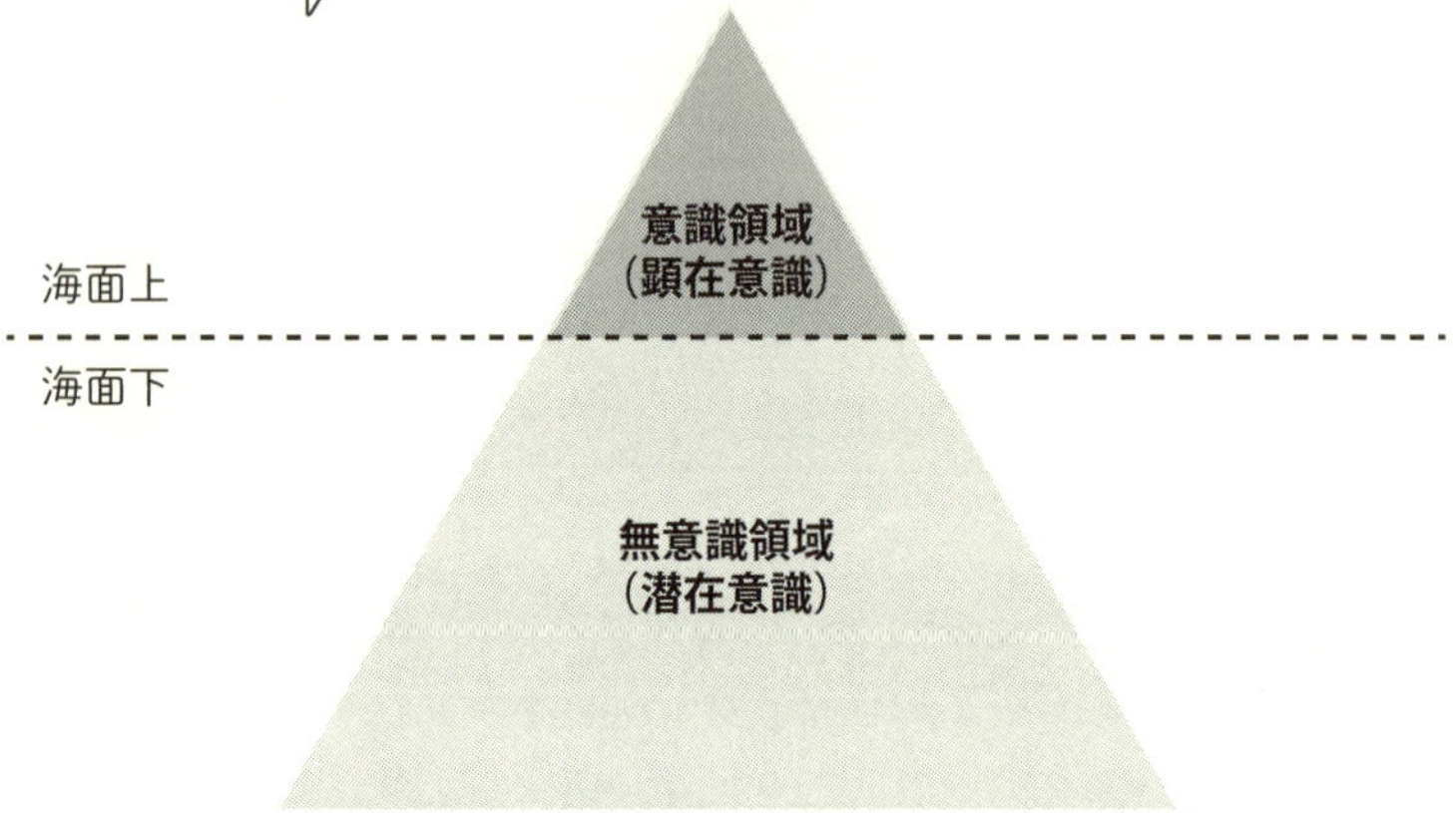

氷山にたとえて、「意識」と「無意識」の間に明確な境界線があると考えられている。

このような主張をしている人が大半で、実際、私もそのような人に何人もお会いしてきました。

では、なぜこの無意識という考え方が、願望実現や成功法則にとって重要だとされているのでしょうか？

それには、主に2つの理由があります。

成功法則が「無意識」を重要視する2つの理由があるが……

まず、1つ目の理由は、**「無意識の中に願望や目標を刻み込んでおくと、普段から願望実現や目標達成のための行動を取れるようになるから」**というものです。

このような主張をしている人がよく言うのは、「強烈に願えば、あなたの願望や目標はきっと叶います」というメッセージです。

たとえば、あなたがずっと前から欲しがっていたカバンがあるとします。

「あのカバンが欲しい！」

これが願望ですよね。そして、その願望を毎日強く思って無意識に刻み込んでおく。

すると、「どうしたら、あのカバンを買えるか？」を意識しなくとも考えるようになり、それが日頃の行動に表れる。

カバンを買うために日々の出費を節約したり、オークションサイトでそのカバンが少しでも安く手に入らないか徹底的に調べる。

こんな行動を積み重ねた結果、念願叶ってあなたはカバンを手に入れることができた——。

こんなエピソードが例として挙げられたりします。

だから、「あなたの願望や目標を、強く思うことが大事なんです！」と、無意識の重要性を主張するわけです。これが、無意識が願望実現や成功法則にとって重要だとされる理由の1つ目です。

そして、2つ目の理由は、**「偶然の一致となる引き寄せが起きるから」**というものです。

「引き寄せ」や「シンクロニシティ」（「意味のある偶然の一致」などと言います）という言葉を聞いたことがある人も多いかもしれません。

たとえば、都内で引っ越しを考えている女性がいたとします。

「家賃が数十万円もするところには住めないけど、でも、どうせ住むならオシャレなところがいい。少々高望みかもしれないけど、できれば目黒区あたりがベスト」

こんなことを無意識で考えていると、たまたま通りかかった不動産屋の店頭に、目黒区の破格物件が掲載されているチラシを発見！

すぐさま店内に入り契約を済ませ、その女性は念願の目黒区に住むことができました。

こんな話をした後、セミナー講師は決まり文句のように、次のように言います。

「これが、無意識による引き寄せの力です」

無意識の力により、「目黒区の格安物件」を引き寄せたというわけです。

この2つが、無意識が願望実現や成功法則において重要だとされる主な理由です。

だから、「あなたの願望を実現させるために、無意識を活用しましょう！」というメッセージを主張しているのです。

「意識」と「無意識」の間に、明確な境界線は存在しない

私は、「意識」について、願望実現や成功法則で言われるようなこととは、まったく違う考え方を主張しています。

まず**私は、人間の意識は、氷山のように明確な境界線があるものではない**と考えています。

私が考えている「意識」と「無意識」は、図で表すと、次ページのような関係です。

今までたとえられていた氷山のように、無意識と意識には境界線などない。むしろ、**私たちが意識していること以外は、すべて無意識に支配されている。**

これが、私の考えている意識と無意識の関係性です。

たとえば、今この本を読んでいるあなた。

今朝、歯磨きをするときに、「今日は上の歯の左奥から磨いて、その次は右奥。下の歯は前歯から磨いて」というように、常に意識しながら歯を磨いていましたか?

家を出て最寄り駅まで歩いて行くときに、「今日は駅まで時速○kmで歩こう」というように、歩くスピードを意識していましたか?

そして、今この本を読むときに、「今日は1ページ1分くらいのペースで読もうかな」と、

本来の「意識」と「無意識」の関係（著者作成モデル）

「意識」と「無意識」には境界はない！
意識は、時間の経過とともに無意識領域と混ざり合い、溶け合ってしまう。
意識と無意識は行ったり来たりする透過性の関係にある。

意識しながら読んでいますか？

おそらく、ほとんどの人の答えがノーだと思います。

そんなことを意識しなくとも、今朝のあなたはキチンと歯が磨けたと思います。最寄り駅までも、問題なくたどり着けたと思います。この本も、自然とペースを調整しながら、読み進めることができていると思います。

この例を見てもわかるとおり、私たちが普段から意識している行動や考え方は、ほんの一部にしかすぎません。それ以外の行動や考え方は、**ほとんどが無意識で行なっている**ものなのです。

無意識に任せる危険

「無意識を最大限に活用しましょう！」と言う人はたくさんいますが、実は**無意識は恐ろしいものです。**

たとえば、対人関係のトラブルです。

相手と良いコミュニケーションを図るためには、相手のことを本当に意識して理解しようとしなければなりません。

でも、ほとんどの人は、無意識に任せて、自分の言いたいことを、言いたい放題言っています。そして、自分が無意識のうちに思わず言ったひと言が、相手を深く傷つける。「しまった！」と思っても、もう後の祭り……。

あなたにも、こんな経験はありませんか？

相手と良いコミュニケーションを図るためには、「この人は何を考えているんだろう？」と考え、相手が何を求めているのか、強く意識を向けなければなりません。

そうでないと、**自分が無意識で発したひと言が、相手を深く傷つけたり、これまで築いてきた信頼関係を、一瞬で壊してしまいます。**

1対1の対人関係ならまだしもですが、これが国ごとのトラブルになると、戦争にまで発展してしまうこともあります。

成功者は、決してそんなことはしません。

自分の言動に常に意識を向け、相手とのコミュニケーションを図っています。だから彼らは、すぐに相手との信頼関係を築くことができます。

無意識に任せるのではなく、何をするにも徹底的に意識しているのです。

普段の仕事でも同じです。

仕事でミスをしたときに、その原因を聞いてみると、「うっかりミスをしてしまいました」と答える人がいます。

このような〝うっかりミス〟が起きるのも、自分が取り組んでいる仕事をしっかりと意識することができていないからです。

成果の出る人たちは、**「無意識が決して万能ではない」ことを自覚**しています。だから、常に自分が取り組む1つひとつの仕事を意識しているのです。

仕事での〝うっかりミス〟が多い人は、ぜひ自分の取り組みをしっかりと意識してみてください。

「無意識の意識化」が、パフォーマンスを上げる

あなたが無意識にやっていることをちょっと意識して言葉にしたり、メモなどをすることによって、仕事のパフォーマンス（成果や生産性）も飛躍的に向上します。

普段は無意識にやっていることを意識づけすることを、私は**「無意識の意識化」**と呼んでいます。

私がお会いした人の中にも、無意識でやっていたことを意識して取り組むことで、業績が向上した方がたくさんいます。

たとえば、Ｉさんという企画部長の男性もその一人です。

Ｉさんの悩みは、

「アイデアが泉のように湧き出てくるときもあれば、まったくアイデアが思い浮かばないときもある。なぜこんなにバラつきがあるのか。アイデアが泉のように湧き出てくる状態が、常に再現できたらいいのに……」

というものでした。

「アイデアが泉のように湧き出てくる状態を再現したい」

これがIさんの願望でした。

そんなIさんからの相談を受けた私は、Iさんの「合脳的」な脳の使い方を発見するため、「アイデアが泉のように湧き出てくるとき」と「まったくアイデアが浮かばないとき」の状況を、詳しく聞いてみました。

すると、とてもおもしろいことを発見しました。

「アイデアが泉のように湧き出てくるとき」と「まったくアイデアが浮かばないとき」とでは、Iさんの脳の使い方に大きな違いがあったのです。

具体的に言うと、「アイデアが泉のように湧き出てくるとき」は、Iさんは他の人と会話をしていることがほとんどでした。

自分の頭の中でモヤモヤと考えていたことと、他の人との会話の内容が結びついて、Iさん一人では思いもつかなかったようなアイデアが、次々と湧いてくるのです。

逆に、Iさんが一人で紙とペンを持って黙々とアイデアを書き出そうとしているときは、まったくと言っていいほど、アイデアが浮かばないのです。

つまり、Iさんにとっては、「人と対話しながらアイデアを出す」ことが「合脳的」な脳の使い方だったのです。逆に、「一人で黙々と考えながらアイデアを出す」ことは、Iさんにとっては「非合脳的」な脳の使い方だったのです。

私がこのことをお伝えするまでは、Iさんは自分の「合脳的」な脳の使い方に、まったく気づきませんでした。

でも、自分の「合脳的」な脳の使い方がわかってからは、Iさんは人と対話することを特に意識して実践しました。

その結果、以前とは比べものにならないほど、アイデアが湧き出てくるようになり、アイデアの質自体も飛躍的に向上したという報告をもらいました。

まさに、**無意識でやっていた合脳的な脳の使い方を意識することによって、仕事のパフォーマンス（成果や生産性）が向上**したのです。

意識を活用して、ビジョンや目標を達成する方法

では、無意識ではなく意識を活用して、あなたのビジョンや目標を達成するためには、どのようなことに取り組めばいいのでしょうか？

あなたに取り組んでもらいたいことは、**あなたのビジョンや目標をまわりの人に意識して語り続ける**ことです。

ビジョンや目標を意識して語り続けることで、あなたのまわりには応援者や支援者が現れま

す。

「あなたのビジョン、私も応援したい！」

「私に手伝えることがあったら何でも言って！」

「協力してくれそうな人がいるから、紹介するよ！」

このように、あなたのビジョンや目標を応援してくれる人を味方につけることができます。

逆に、ビジョンや目標を無意識のままにしているうちは、まわりの人もあなたを応援することはできません。

私たちがビジョンや目標を達成していくためには、多くの人の協力を得ることが大切です。そのために、ビジョンや目標を意識して語るということが重要になるのです。

このときにポイントになるのが、**あなたのビジョンや目標を「説明する」のではなく、「語る」**ということです。

語るとは、想いや熱意といった気持ちや感情を込めて話すことです。

人は、想いや気持ちなど、感情を伴った相手の話には心を動かされやすいからです。

実際、私がお会いしたMさんという女性は、自分のビジョンを意識してまわりに語り続けることで、どんどん実現させていった人です。

彼女は元々、大阪で小さなサロンを経営していたのですが、私がお会いした当時は、なんとか一人で生活していけるような状態。休みもほとんどなく仕事漬けで、プライベートの時間すら、ほとんど取れていませんでした。

でも、私のセミナーに参加して自分のビジョンが明確になったときから、彼女はまわりの人に自分のビジョンを語り続けました。

会う人それぞれに、「私のビジョンは、◯◯なんです！　このビジョンが実現したら、きっと△△のような世界が実現できると思うんです！」と、想い、気持ち、感情、熱意を込めてビジョンを語り続けたのです。

すると、

「Mさんのビジョン、すばらしいですね！　ぜひ私も応援させてください！」

「Mさんのビジョンに協力してくれそうな人、今度紹介するからね」

このように、Mさんのビジョンを応援してくれる人が、続々と現れたのです。

そして、多くの人の協力を得たMさんは、セミナーで描いたビジョンを、とてつもないスピードで実現していきました。

そのような応援者のおかげもあり、今のMさんは雑誌やラジオ、テレビなどのメディアにも引っ張りだこ。新たな拠点として東京にも事務所を持ち、プライベートでは海外旅行も楽しんでいます。

すばらしいことですよね。

あなたもMさんのように、意識してビジョンや目標を多くの人に語ってみてください。きっと、あなたを応援してくれる人が現れると思います。

モチベーションを上げる――失敗する脳の使い方②

「失敗する脳の使い方」の2つ目は、「モチベーションを上げる」です。

モチベーションとは、物事や仕事などに取り組むときのやる気だったり、意欲のことです。動機づけとも言います。

多くの人が勘違いしていることの一つに、「モチベーションを上げることが重要だ」という考え方があります。

企業研修でも、「モチベーションアップ研修」のようなものを取り入れている会社もたくさんあります。

モチベーションが高いと、良い仕事ができる。

モチベーションが高いと、仕事のパフォーマンス（成果や生産性）が高まる。

モチベーションが高いと、社内が活性化する。

このようなことを信じ、社員のモチベーションを上げるために多額の投資をしている企業はたくさんあります。

でも私は、**モチベーションを上げる必要なんてない**と思っています。

実は、モチベーションを上げることによって、さまざまな弊害が起きる可能性があるからです。

ここで、**「モチベーションを上げることによる弊害」**を3つ挙げます。

モチベーションの効果は、長くは続かない——モチベーションを上げる弊害①

モチベーションを上げたところで、その効果は長くは続きません。モチベーションは、一時的なものに過ぎないからです。

たとえば、企業研修やセミナーでは、参加者のモチベーションを上げるために、**アファメーション**や**インカンテーション**などの方法が行なわれています。

簡単に言えば、アファメーションとは、肯定的な言葉を自分に繰り返し言い聞かせることで、自分の考え方や感情をポジティブ（肯定的）な方向に持っていくことです。

「今日は最高の一日になるぞ！」とか、「私はなんて幸せなんだろう！」とか、「明日はもっと良い日になる!」などなど。

このような言葉を自分に繰り返し言い聞かせることで、ポジティブ(肯定的)な考え方や感情を身につけようという試みがアファメーションです。

一方、インカンテーションとは、アファメーションに行動や動作が伴ったものだと思ってください。

言葉だけでなく、「ガッツポーズ」や「手を叩く」などの身ぶり手ぶりが加わったものが、インカンテーションです。

ただし、先ほども述べたように、これらの方法でモチベーションを上げたとしても、その効果は長続きしません。

アファメーションやインカンテーションを実施している最中は、あなたの脳内には「ドーパミン」という脳内物質が分泌されています。

この「ドーパミン」は、幸せなときや楽しいときに分泌される、快感や意欲を担当する脳内物質です。

このドーパミンが分泌されている最中は、いわゆる「モチベーションが高い」という状態です。何でも行動できる気分になっているでしょう。

しかし、残念なことに、**アファメーションやインカンテーションを止めた途端に、このドー**

パミンの分泌は止まってしまいます。

その証拠に、アファメーションやインカンテーションをしている人たちにお話を聞くと、アファメーションやインカンテーションを終えた途端に脱力感があったり、逆にモチベーションが以前よりも下がってしまったということをよく言われます。

「モチベーション研修を受けている最中はいいんですけど、それが終わるとすぐにいつもどおりの感覚に戻ってしまうんですよね」

こんな感想を持つ人が、たくさんいます。

それもそのはずです。**アファメーションやインカンテーションをしているときはドーパミンが大量に分泌されているのですが、終えた途端にドーパミンの効果はゼロ**。そのギャップ（差）が、脱力感やモチベーションの低下につながってしまうのです。

セミナーや研修でも、参加者のモチベーションを上げるために、異常なほどテンションの高い講師が、「イエス！　イエス!!　イエス!!!」と繰り返し叫んだり、参加者に強制的にハイタッチをさせたりするようなことがあります。

セミナーに参加しているときは、それはとても気分が良いでしょう。

しかし、それは一種の麻薬のようなもの。その効果が持続するのは、セミナーに参加して数日間が良いところです。本当の意味で変われる人は、まずいません。

脳が慣れると、ドーパミン分泌量が減っていく

さらに厄介なことに、この**ドーパミンの分泌量は、回を重ねることに少なくなっていきます。**

人間の脳には、「慣れ」という習性があります。

同じことばかり続けていると、あなたの脳にも「慣れ」が起きてしまうのです。

最初は楽しかった仕事でも、ずっと同じことを続けてしまうと、その楽しみは減っていきますよね。

これは、「慣れ」によって、ドーパミンの分泌量はどんどん減少していくからです。

だから、アファメーションやインカンテーションに「慣れ」が起きないよう、よっぽどの工夫を重ねない限り、その効果は減少してしまいます。

モチベーションが低い自分を責める——モチベーションを上げる弊害②

モチベーションを上げることによる弊害の2つ目は、「モチベーションが低い自分を責めてしまう」ということです。

モチベーションを上げようと努力している人ほど、モチベーションの低い自分を責めてしまう傾向があります。モチベーションが低い状態の自分を、必要以上に低く評価してしまうのです。

「モチベーションが低いまま仕事をしている自分が嫌いだ」「仕事のモチベーションが低いままの自分に、どこか罪悪感を感じている」「こんなモチベーションのままで、仕事をしていていいのだろうか」

このように、自分を責める言葉を、頭の中で繰り返しつぶやいています。

なぜか、「モチベーションを上げなければいけないんだ！」という強迫観念に取りつかれているのです。

私はこれを、**「モチベーション脅迫病」**と呼んでいます。

「モチベーション脅迫病」にかかっている人は、**理想の自分とモチベーションが低いままの自分とのギャップ（差）に苦しみます**。ひどい場合には、うつなどの心の病気になることもあります。最悪の場合は、自ら命を絶つ人もいるほどです。

脳科学的には、**「セロトニンという脳内物質の分泌量が低下していることが原因だ」**と私は考えています。

セロトニンは、心身の安定や幸福感などを司る脳内物質で、別名**「幸福ホルモン」**とも呼ばれています。抗うつ薬にも含まれている成分の1つです。

「モチベーション脅迫病」にかかっている人は、このセロトニンの分泌量が低下するため、心身の状態が不安定になってしまい、自らを責め続けてしまうのです。

モチベーションを上げようと努力する人ほど、自分のことを責めてしまう。非常に残念なことですよね。あなたは、「モチベーション脅迫病」にかかっていませんか？

モチベーションを上げること自体が目的になってしまう
――モチベーションを上げる弊害③

3つ目は、「モチベーションを上げること自体が目的となってしまう」です。

先ほども述べましたが、残念な人ほど、モチベーションを上げようと必死に努力しています。あらゆるセミナーや勉強会に参加したり、モチベーション関連の本をむさぼるように読んでいます。

しかし、モチベーションを上げることは、単なる手段の1つに過ぎません。

本来は、**モチベーションを上げることで、その先にあなたが達成したい目的があるはず**です。

その目的がはっきりしていないのに、モチベーションを上げることに必死になるのは、それこそ本末転倒です。

まずは、目的を明確にするのが先決です。

このような人は、知らず知らずのうちに、モチベーションを上げること自体が目的になってしまうのです。本来は手段の1つでしかないモチベーションを上げることが、いつの間にか目的になってしまうのです。

私はこのように、本来は1つの手段でしかないことがいつの間にか目的になってしまうことを、**「手段の目的化」**と呼んでいます。

この「手段の目的化」に陥ると、たとえモチベーションが上がったとしても、そのモチベーションを何のために使ったらいいのかがわからないのです。とても残念な状態ですよね。

「モチベーションを上げなくても、勝手に行動できる」たった1つのポイント

では、「モチベーションを上げること自体が目的となってしまう」という手段の目的化を避けるためには、どのようなことに気をつければいいのでしょうか？

キーワードは、**「実感」**です。

私は、セミナーやコンサルティングの最中に、よくこんな話をします。

「私たちが行動するためには、モチベーションややる気を上げる必要はありません。私たちが行動するために必要なもの、それは『実感』です。

実感があれば、私たちは自ら簡単に行動を起こすことができるのです。なぜなら、実感とは、実際の物事や実物に接しているように生き生きと感じることのできる感覚だからです」

モチベーションややる気を上げなくても、実感があれば私たちは勝手に行動します。

この実感をいかにつくり出すかが、行動を起こすための非常に重要なポイントとなります。

では、この実感はどのようにしてつくり出せばいいのか？

実感をつくりだすヒントは、第1章でお伝えした「イメージ」がキーワードになります。

第1章の30ページで、「人間の行動は、イメージに依存する」という原則をお伝えしました。

モチベーションを上げなくても、明確なイメージをつくり出すことができれば、私たちは行動することができます。

それは、**明確なイメージをつくり出すことによって、あなたの中に実感が生まれる**からです。

30ページでお伝えしたお昼ごはんの例を思い出してみてください。

お昼ごはんにカレーを食べた人は、「カレーを食べる」という行動の前に、必ず「カレーを食べている」というイメージを頭の中でつくり出しています。

頭の中では、自分の好きなカレーのメニューが浮かんでいるかもしれません。会社からお店に行くまでの道のりを、イメージしているかもしれません。いつも顔を合わせる店員さんの姿が目に浮かぶかもしれません。

こうしたイメージをつくり出すことによって、「カレーが食べたい！」という実感が高まっているのです。

あなたがビジョンや目標に向けて行動を起こしたいときにも、この考え方は活用できます。

ビジョンや目標に向けて行動を起こしたいとき、あなたの中に明確なイメージをつくり出すことができれば、あなたの実感は高まり、自然と行動を起こすことができるからです。

行動するための「実感」をつくり出す質問集――「ビジョン・クエスチョン」

私は、明確なイメージの伴った実感をつくり出すために、**「ビジョン・クエスチョン」**という質問集をつくっています。

この「ビジョン・クエスチョン」に答えていくことで、あなたが行動するための実感をつくり出すことができます。

87ページにも、「ビジョン・クエスチョン」の一例を記載しておきます。

この「ビジョン・クエスチョン」に記載してある質問に答えて、あなたの実感が高まってい く瞬間をぜひ体感してみてください。

ここで、「ビジョン・クエスチョン」に取り組む際のポイントをお伝えします。

それは、あなたの**五感覚を徹底的に活用する**ことです。

五感覚とは、**視覚**（見る、ながめる働き）、**聴覚**（話を聞く、音を聞く働き）、**身体感覚**（モノに触ったり、暑い寒いなどを身体に感じる働き）、**嗅覚**《きゅうかく》（ニオイをかぐ、かぎ分ける働き）、**味覚**（味わう働き）の5つの感覚（働き）のことです。

私たちの脳には、五感覚を活用したイメージをつくり出すことで、より強烈な実感をつくり出せるという特性があります。

強烈な実感をつくり出せるということは、よりあなたが行動を起こしやすくなるということです。

「ビジョン・クエスチョン」の質問自体も、あなたの五感覚で表現しやすくなるようにつくっています。ぜひ取り組んでみてください。

行動するための実感をつくり出す質問集「ビジョン・クエスチョン」

◎本当はどうなっていたいんだろう？（こうなっていたい！）

◎本当はどうしたいんだろう？

◎何をするつもりなんだろう？

◎好きなことは何だろう？

◎ワクワクすることは何だろう？

◎どうなっていたら、わたしにとって素敵なことだろう？

◎叶っていたら、わたしにとってうれしいこと、楽しいことはどのようなことだろう？

◎叶えたい夢は何だろう？

◎「これだけは絶対に人生で実現したいなぁ」と思えることは何だろう？

◎どうしてもやりたいことはどのようなことだろう？

◎私にとって仕事でも、私生活でも理想の状態とはどのような状態だろう？

◎３年後に実現している「望ましい状況や環境」とはどのようなものだろう？

◎本当に一緒にいたい人々は、どのような人だろうか？

ポイントは、自分の五感覚を徹底活用すること！

成功者は大量に行動している——失敗する脳の使い方③

失敗する脳の使い方の代表例、最後の３つ目は「成功者は大量に行動している」です。

すでにご存じだとは思いますが、たくさんの本やセミナーで、「行動すること」の大切さが伝えられています。

「行動しなければ、何ひとつ成果を得ることはできない」

「知識だけでは何の意味もない。行動こそが結果をもたらす」

「成功者は、とにかく大量に行動しているから他の人より圧倒的な結果を出すことができる」

このように、行動することの大切さが繰り返し伝えられています。

そして、行動することの大切さを知った人は、とにかく大量に行動することを自分自身に課します。

行動することに必死になり、まるで何かに取りつかれたかのように、毎日自分の行動を徹底的に管理する。

そして、行動したのに、思うような結果が出ないと、「まだ自分の行動量が足りないんだ！」と思い込み、さらに大量の行動を自分自身に課す。

でも、ちょっと待ってください。

そのように**必死に行動したところで、果たしてその人は狙ったとおりの結果を手にすることができるでしょうか？**

もちろん、一部の成功者や卓越者（その分野で優れている人）は可能だと思います。

成功者や卓越者と言われる人たちは、自分を奮い立たせて、常に大量行動をすることができるでしょう。

でも、それは、本当にごく一部の人です。

「三日坊主」という言葉もあるように、ほとんどの人は、常に大量の行動を実践することはできません。

だから、「とにかく大量に行動することが大切だ」といくら言われたところで、**結局は長続きしない**のです。

大量行動ができていた人が、できなくなった⁉

私がお会いした人の中に、こんな人がいました。その人は、愛知県に在住のKさんという女性でした。

Kさんは長年、サプリメントや水素などを活用した健康促進ビジネスを行なっていました。

まず、私がKさんにお会いして驚いたのは、バイタリティーあふれる行動力でした。

もう50代を超えている女性なのですが、とにかく貪欲《どんよく》に学び、行動する。東京でのセミナーや勉強会に参加することは日常茶飯事で、まさに「大量行動」を絵に描いたような人でした。原理原則や成功法則を学ぶための自己啓発セミナーにも積極的に参加し、その行動力はまわりの人からも一目置かれるほどでした。自分の目標を達成するため、年間で数百万円も自己投資をしていたと思います。

しかし、私は、Kさんのその意欲は長続きしないとわかっていました。このままでは、いずれKさんは行動することに疲れ、**燃え尽き症候群**のような状態に陥ってしまうと予測していたからです。

自分が最善だと信じて打ち込んできた仕事や生き方などが期待外れになったと感じて嫌になり、無気力になってしまうことが目に見えていました。

そして、Kさんは案の定、あるとき私に相談をしてきました。

「これまでは意欲的にセミナーに参加していたけど、最近はなんだかその意欲が湧かなくなってしまったんです。行動しなければいけないのはわかっているんだけど、どうしてもやる気が起きなくて……」

以前までは、意欲的にセミナーや勉強会に参加し、大量行動ができていたはずのKさん。そんなKさんに、いったい何が起きてしまったのでしょうか？

Kさんが**うまくいかなかった理由**には、大きく言って2つのポイントがあります。

◎成功の実感を積み重ねていない
◎合目的な取り組みをしていない

それぞれについて、詳しく解説していきます。

脳科学的に、「小さな成功の積み重ね」が大切な理由

Kさんのように、目標に向かって行動することはたしかに大切です。先ほども述べたように、行動しなければ何の成果も得ることはできません。

しかし、私は、目標に向かって行動するときにも、いくつかのポイントがあると考えています。

そのポイントの1つが、**「小さな成功を積み重ねる」**です。

あなたがビジョンや目標に向かって行動を続けるためには、小さな成功を積み重ねることが大切です。

小さな成功とは、「たしかに私は、ビジョンや目標の達成に向けて前進している」という実感のことを指します。

この**小さな成功を積み重ねることで、私たちの脳には「ドーパミン」という脳内物質が分泌**されます。

ドーパミンは、快感や意欲という感情を担当する脳内物質であることは、前にお伝えしました。

さらに、このドーパミンには、**「ドーパミンが分泌される直前の行動を強化する」という特性**があります。

これを**「ドーパミン強化学習」**と言います。

子供が学校のテストで良い点数を取ると、さらに意欲的に勉強に取り組むというケースがよくあります。

テストで良い点数を取ると、両親や先生に褒められてドーパミンが分泌されます。そして、ドーパミンが分泌されたことで、より学習をしようという意欲が湧くのです。だから、以前よりも学習に意欲的に取り組むことができるのです。

ビジョンや目標においても、同じことが言えます。

壮大な目標を掲げることも大切ですが、まずは足元をしっかりと固めていくことが大切です。**目の前の小さな成功を積み重ねていくことで、行動を続けられる体質になる**のです。

心理的には、小さな成功を積み重ねることで、**自分の中で「確信」をつくり出す**ことができます。

「確信」とは、**自分の考えに対する自信**のことです。

この「確信」をつくり出すことで、心理的にも行動し続けられる状態になります。

逆に、Kさんのように、積極的にセミナーや本などで学んでいても、小さな成功を積み重ねていなければ、疲れ果ててしまいます。

「ずっと学んでいるけど、本当に私は目標に向かって前進しているんだろうか。私はいったい、何のために頑張っているんだろう……」

このように先の見えないことによる迷いが生じてしまい、行動する意欲が低下してしまうのです。

「小さな成功を積み重ねる」ための便利ツール ――目標の優先順位を決定するマトリクス

では、小さな成功を積み重ねるためにはどうすればよいのでしょうか？

次ページの**「目標の優先順位を決定するマトリクス」**をご覧ください。

これは、あなたの目標の優先順位を決めるためのマトリクスです。目標を効果的に実現していくためには、どこから取り組んでいくのかを決める、優先順位がとても重要になります。

あなたにも、さまざまな目標があると思います。

「今月は、社内でトップの営業成績を取る」
「毎月、キャリアアップのための本を5冊読む」
「3年以内に年収1000万円を達成する」
「あと3カ月以内に3kg減のダイエットを実現したい」

このようにいくつかの目標がある場合、「目標の優先順位」を決めることで、目標達成までのスピードを短縮することができます。

私たち一人ひとりが持っている時間やエネルギーは限られています。

一日が24時間なのは誰でも同じですし、毎日一睡もせずに動き続けられる人は、まずいません。

その限られた時間やエネルギーを効果的に活用するためには、**「何を優先して取り組むのか？」**を決めることがとても重要です。

目標の優先順位を決めないまま取り組むと、その目標にかける時間もエネルギーも中途半端

目標の優先順位を決定するマトリクス

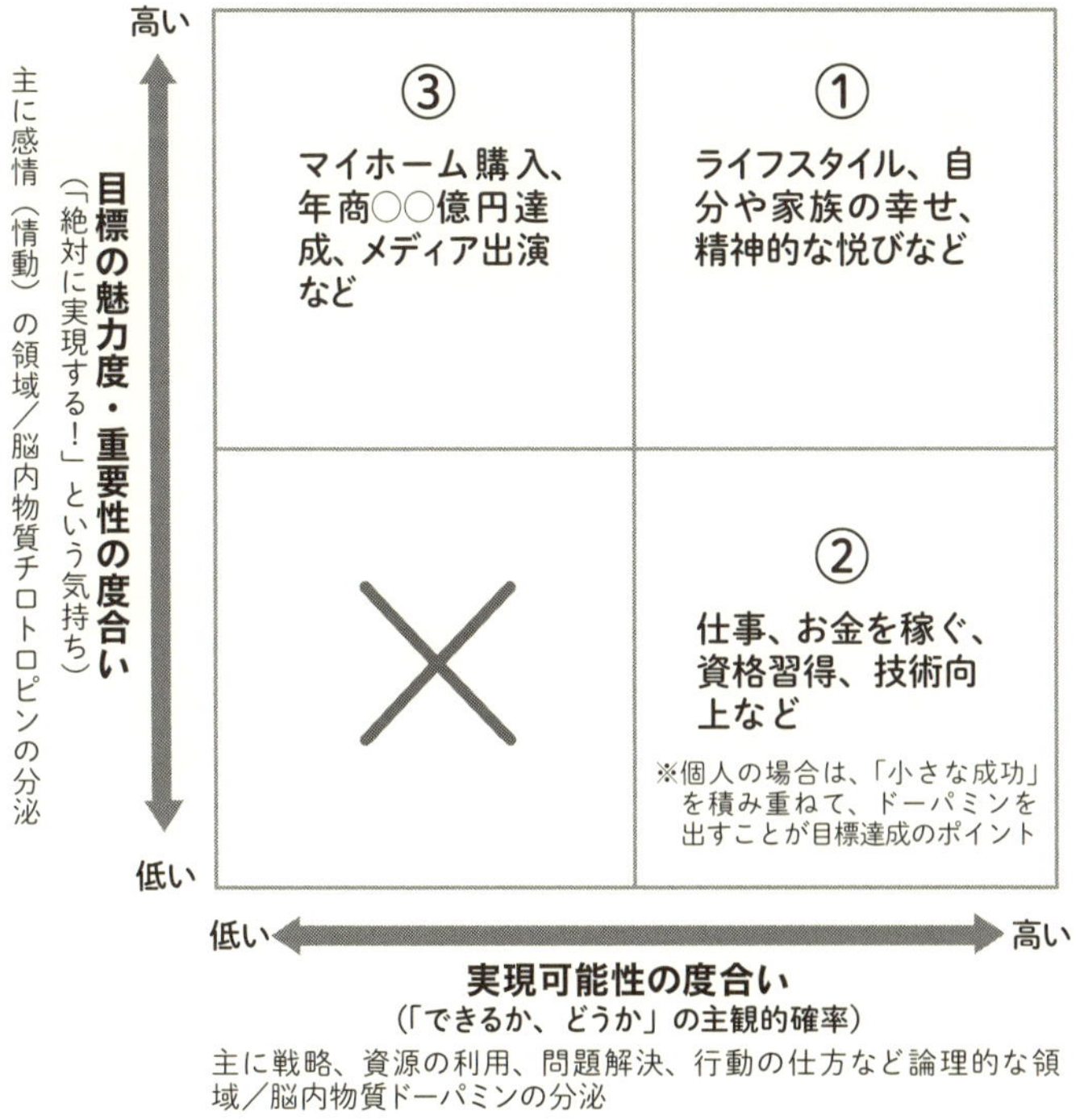

このマトリクスを参考にして、取り組み順位を決めよう！

になってしまうので、結局はどれも実現できないからです。

また、**私たちの脳には、「取り組むことが整理されると、行動がしやすくなる」という特性があります**。

目標の優先順位をつけることで、脳内がスッキリと整理されて、あなたが行動しやすい状態をつくれるのです。

そして、この目標の優先順位を決めるための方法が「目標の優先順位を決定するマトリクス」です。

「目標の優先順位を決定するマトリクス」の使い方

マトリクスの縦軸を見てください。

縦軸が、目標の魅力度を表しています。

「この目標は絶対に実現したい！」という魅力が高ければ、このマトリクスの半分より上の、「高い」という領域に入ります。

逆に、「そんなに魅力的でもないなぁ」と感じるのであれば、半分より下の、「低い」という領域に入ります。

あなたにとってその目標が魅力的なものかどうかは、直観で決めてみてください。直観で決めるということは、頭だけで考え込んで決めるのではなく、あなたのそのときの感覚や感じ方を素直に受け入れて決めるということです。

そして、**マトリクスの横軸は、目標の実現可能性の度合い**を表しています。

「この目標はすぐに実現できそう」と感じるのであれば、半分より右側の、「高い」という領域に目標が入ります。

「この目標はちょっと難しいなぁ」と感じるのであれば、半分より左側の、「低い」という領域に目標を入れてください。

この2つの軸で分けると、①〜③のいずれかの領域に、あなたの目標が位置付けされると思います。

×の領域にある目標は、目標の魅力度も実現可能性も低いので、いったんあなたの達成したい目標からは外してください。

この①〜③の数字が、優先順位を表しています。

①は、魅力度も高く、実現可能性も高い目標です。当然ですが、最初に取り組むべき目標になります。

ここであなたに**注目してもらいたいのは、②と③の目標**です。

魅力度は低いけれど、実現可能性の高い目標が②になっていると思います。

「魅力度が高くて、実現可能性の低い目標が②でもいいんじゃないか」と思う人もいるかもしれませんが、ここが重要なポイントです。

先ほども述べたように、まずは「小さな成功を積み重ねる」ことが、目標達成のためにはとても重要なポイントです。

小さな成功を積み重ねれば、私たちの脳内ではドーパミンが分泌され、継続して行動を続けることができるからです。

だから、いきなり難易度の高い目標にチャレンジするのではなく、まずは**実現可能性の高い目標をクリアしていくことが重要**なのです。

Kさんは、この小さな成功をまったく積み重ねていませんでした。

自分が理想とする難易度の高い目標ばかりを追いかけていたので、小さな成功を積み重ねているという実感が得られなかったのです。だから、行動する意欲も次第に低下して、ついには私のもとに相談に来られたのです。

あなたもぜひ、マトリクスを使って自分の目標を区別してみてください。そして、①と②の領域にある目標を中心に、まずは小さな成功を積み重ねる取り組みを実践してみてください。

余談ですが、**企業の場合は、②と③の位置が逆になります。**

企業が継続的に成長・発展していくためには、難易度の高い目標（専門用語で、「大欲《たいよく》」と言います）に常にチャレンジしていくことが重要です。常に新しくチャレンジして変化をしていくことが、企業には求められます。

「行動が目的に沿っているか」を常に確認する

Kさんがうまくいかなかった理由の2つ目は、「合目的な取り組みをしていない」です。

「合目的」とは、目的に合致しているということです。

私たちが行動をするときには、常にその行動が目的に沿っているのかを、しっかりと確認しなければなりません。

行動することが目的に合致していなければ、その行動ははっきり言ってムダです。

Kさんもそうでした。学んで行動することには非常に意欲的だったのですが、そのほとんどはムダでした。

たとえば、Kさんは、早朝のある異業種交流会に参加をしていました。友人からすすめられて加入したそうですが、その異業種交流会に参加しても、Kさんはほとんど成果に結びつけることができませんでした。

別に、交流会に参加することが悪いと言っているわけではありません。その交流会によって、ビジネスが加速することも十分にありえます。でも、Kさんの場合は、少なくともそうではありませんでした。

これは、「早朝の交流会に参加する」という行動が、「合目的」でないことを示しています。むやみやたらに行動するのではなく、自分の行動1つひとつが、きちんと目的に合致しているのかどうか。Kさんは、このことをしっかりと考えていなかったのです。

「ベビーステップ」する前の注意点

目標を達成する際に、「ベビーステップ」という考え方が大切にされることがよくあります。ベビーステップとは、最初の一歩という意味です。

つまり、「目標を達成するためには、いきなり難しいことに取り組むのではなく、まずは簡単なことから始めよう」という教えです。

しかし、私は、**安易にこのベビーステップという考え方を用いることは危険**だと考えています。

あくまでも、**ベビーステップは、合目的であることが前提**です。

それなのに、「とりあえず簡単なことから始めればいいんだ」というような思い込みをしている人が、驚くほど多いのです。

合目的でないベビーステップには、まったく意味がありません。

先ほど、「小さな成功を積み重ねよう」ということをお伝えしましたが、この小さな成功についても、あくまでも合目的であることが前提です。

成功者は、**「とりあえず行動してみよう」という安易な考え**では行動していません。

その行動が、しっかりと自分の目的に合致しているかどうか、すなわち合目的かどうかを真剣に考えて判断しています。

合目的でない行動は、すべてエネルギーのムダだということがわかっているからです。

あなたも、「まずは簡単なことから始めればいいんだ」という安易な考えに走らず、その行動が合目的かどうか、しっかりと判断する習慣を身につけてください。

合目的な行動をするためのチェックポイント

では、合目的な行動をするためには、どのようなことに気をつければいいのでしょうか？

合目的な行動をするために重要なことは、常に**「効果性」**という考え方を大切にすることです。

「効果性」とは、あなたの取り組みや行動が、目的に合致している度合いのことです。目的に合致した取り組みや行動であれば、効果性は高いことになります。逆に、目的に合致していない取り組みや行動の場合には、効果性は低いということになります。

先ほどのKさんの事例で、「早朝の勉強会に参加する」という行動がありました。

Kさんは毎回早起きをして、積極的に勉強会に参加していました。でも、それでKさんは、自分自身の目的を達成できたでしょうか？　答えはノーです。勉強会に参加したところで、Kさんの成果はまったく上がりませんでした。

いくら頑張って努力をしても、効果性が低ければまったく意味はありません。逆に、その行動にかける時間とエネルギーがムダなくらいです。

行動するのはすばらしいことですが、**常にその行動の「効果性」が高いかどうかを考えなければなりません。**

その行動の「効果性」をチェックするツール——「振り返りをするための質問集」

効果性を考えるために重要なポイントは、**「振り返り」**をすることです。

自分の行動や取り組みが合目的かをチェック！
「振り返り」をするための質問集

Q.どういうことがうまくいったのか？
Q.何をやったから、うまくいったのか？
Q.何をやらなかったから、うまくいったのか？
Q.何をやめたから？
Q.何にこだわったのか？
Q.何を無視したのか？
Q.誰が動いたから？
Q.キッカケがあるとすれば、何だったのか？
Q.キッカケをどのように利用したのか？
Q.問題があるとすれば、何が問題だったのか？
Q.問題の解決糸口は、何だったのか？
Q.何に意識が向いたのか？
Q.起こした変化は何だったのか？
Q.自然発生的に起こってきた変化は何だったのか？
Q.どのような振り返りとどのようなフィードバックが機能していたのか？
Q.抜本的に取り組んだ枠組みは何だったのか？
Q.枠組みを変えようとしたのは何だったのか？

1日の終わりや1週間の終わりに、定期的にチェック！

自分の行動や取り組みが合目的なのかどうか、しっかりと振り返る時間をつくってみてください。

私のもとに相談に来られる経営者の中には、振り返りをするために日々ノートをつけている人がいます。

一日の行動や取り組みを振り返り、今後の事業に活かしているのだそうです。すばらしい取り組みだと思い、私も感心しました。

ただ、いきなり「振り返りをしてください」と言っても、かなり難しいと感じる人もいるでしょう。

そんな方のために、**「振り返りをするための質問集」**を用意しました。この質問を自分にすることで、自然と振り返りをすることができます。

一日の終わりや一週間の終わりに、ぜひこの質問集を使って振り返りをしてみてください。

さて、いかがでしたか？

「失敗する脳の使い方」として、3つの代表例をお伝えしてきました。この章で取り上げた代表例は、うまくいかない人に見られる典型的な特徴をまとめたものです。

もしかしたら、あなたもいつの間にか「失敗する脳の使い方」をしていたかもしれません。

ぜひ、この章で学んだ内容を自分のものにして、普段の生活に役立ててください。

第3章

自分の「成功人格」を自覚する方法

「成功人格」を確立するために

それでは、いよいよ本題に入っていきます。

これからの章では、第1章で取り上げた成果の出る人の共通点、

◎成果の出る人の共通点①「うまくいくモードを自覚している」（第3章）

◎成果の出る人の共通点②「失敗するモードに適応している」（第4章）

◎成果の出る人の共通点③「天才性を最大限に発揮している」（第5章）

この3つのポイントをそれぞれの章でお伝えしていきます。

少しおさらいになりますが、第1章では、「私たちは誰でも、複数の人格を持っている」という脳科学に裏付けられたメッセージをお伝えしました。

脳科学的には、「人格」とは神経回路（シナプス）の組み合わせのことを言います。この**神経回路（シナプス）の組み合わせが変化すれば、私たちの人格も変化する**のです。

私は、この「人格」という考え方をコンサルティングの現場で活用しています。

具体的には、**「成功人格」**と**「失敗人格」**という2つの考え方を、お会いした人にお伝えして、パフォーマンスの向上のお手伝いをさせてもらっています。

パフォーマンスの高い状態にあることを「成功人格」、パフォーマンスが低い状態にあることを「失敗人格」と呼んでいます。

もう一度、「人格」の考え方についておさらいしたい人は、第1章の40ページから49ページまでを読み返してみてください。

この章でお伝えしたいことは、「どうしたら、成功人格を確立することができるのか？」ということです。

そのために、成功人格についての詳しい説明とともに、成功人格を確立するためのワークも用意しています。ワークはいずれも、私がコンサルティングの現場で実践していることを体系化したものです。

正しいやり方と手順で実践すれば、着実に成果が表れます。ぜひ取り組んでみてください。

同じ一人の人間なのに、なぜこんなにもパフォーマンスが上下するのか？

では、本題に入る前に、あなたにお聞きしたいことがあります。

あなたは仕事をしていて、「今日はなんだか調子が良いなぁ」と感じるときはありますか？


仕事だけでなく、普段の生活でもかまいません。

「今日は調子が良いし、何でもうまくいく！」

と感じることはありませんか？

逆に、

「今日はなんだかいつもより調子が出ないなぁ……」

と感じるときはありませんか？

ほとんどの人に、思い当たるフシがあるでしょう。


では、あなたにもう1つ質問させてください。

なぜあなたの身体はたった1つしかないのに、日によって調子の良いときと悪いときの差（ギャップ）があるのでしょうか？

私はその答えを、約30年間にわたるコンサルタント人生の中で発見しました。

「なぜ同じ一人の人間なのに、こんなにもパフォーマンスが上下するのだろうか？」

それは、そのときによって使っている「人格」が違うからです。

誰でも、自分の中にしかない「成功人格」を持っている

繰り返しお伝えしているとおり、私はこれまで、たくさんの人にお会いしてきました。世間では成功者と呼ばれるような人にも、3万人以上お会いしてきました。彼らへのインタビューを重ねて体系化したことが、まさに本書でお伝えしようとしている内容です。

一方、それ以上に、自分の能力を必要以上に低く見てしまい、自分を責め続けているような残念な人にもたくさんお会いしてきました。

そんな人は、成功したいと思っていながらも、「自分にはどうせ成功なんか無理なんだ」と心のどこかで決めつけてしまっています。

だから、自分の心が動かされるようなビジョンや目標を抱いたとしても、「どうせ自分なんかには……」とあきらめてしまいます。

夢や目標を抱く前から、すでに成功をあきらめてしまっている。これは、とても残念なことです。

でも、キレイごとでも何でもなく、私はこれまでの経験や研究を通して断言できます。

誰でも、自分の中にしかない「成功人格」を持っています。

そして、**自分の成功人格を確立して、その成功人格を活用することができれば、間違いなくあなたの人生を、すばらしい方向に変えることができます。**

実際、私はこの「人格」という考え方をコンサルティングの現場で役立てています。

その結果、たくさんの人が自分のビジョンや目標を実現するための支援をすることができました。

だから私は、この人格という考え方を本気で広めていきたい、そう思っています。

成功人格がもたらす3つの効果

成功人格を確立すると、どんなメリットがあるのか、とても気になるところですよね。

成功人格は、主に3つの効果をもたらしてくれます。

あなたが成功人格を確立すると、どんなことが実現できるのか、そのイメージをつかんでほしいと思っています。イメージが明確にできるということは、実感が高まるということです。

実感が高まるということは、あなたの行動が加速されることにもつながります。

では、成功人格を確立することで、あなたはいったいどのような効果を得ることができるのでしょうか？

これまでの私の経験をもとに、大きく3つの効果にまとめてみました。

◎成功人格がもたらす効果①「常に高いパフォーマンスを発揮することができる」
◎成功人格がもたらす効果②「ネガティブな状態からすぐに脱出できる」
◎成功人格がもたらす効果③「招待状が受け取りやすくなる」

招待状とは、「成功者や真の成功者からのお誘い」のことを指します。詳しくはのちほど解説します。

さっそく、それぞれ順番に見ていきましょう。

常に高いパフォーマンスを発揮することができる――成功人格がもたらす効果①

この効果については、これまでにも何度かお伝えしてきましたね。

では、成功人格を確立すると、なぜパフォーマンスが高まるのか？　**脳科学的な裏付け**とともに、もう少し詳しく見ていきましょう。

まず、あなたにお伝えしたいとても重要なポイントがあります。

それは、**「あなたには、あなただけのパフォーマンスが高い『パターン』が存在している」**というポイントです。

このポイントは、とても重要です。

あなたにはあなただけの、パフォーマンスが高いパターンがあり、私には私だけの、パフォーマンスが高いパターンがあります。

わかりやすく言えば、成功人格とは、「パフォーマンスが高い状態のパターン」を確立した状態だとも言えます。

日本人なら誰もが知っているスポーツ選手に、メジャーリーガーのイチロー選手がいます。

イチロー選手が毎日同じルーティンで試合を迎えるのは、とても有名な話です。試合前の準備、練習メニュー、試合中の身体の動かし方までが、すべて同じなのです（NHK「プロフェッショナル　仕事の流儀」2008年1月2日放送）。試合当日にスタジアムに入る側の足まで同じだと言います。

なぜイチロー選手は、そんなことをしているのか？

それは、そのルーティンが、自分にとって最も高いパフォーマンスを発揮することを自覚しているからです。イチロー選手はどのトッププレイヤーであれば、自分が最大限のパフォーマンスを発揮できるパターンを、感覚的にわかっています。

ラグビーの五郎丸歩選手がキックの前に行なう「五郎丸ポーズ」も、キックのパフォーマンスを高める「パターン」を自覚しているからです。

スポーツ・アスリートだけではありません。スターバックスCEOのハワード・シュルツは、毎朝4時半に起きて6時に出社するというルーティンがあると言います。また、某会社社長は、出社したら必ずデスク右隅をなぞってから、前日の売上をチェックしていると言います。

このように、**一流のスポーツ選手や業界トップクラスの人たちは、「パフォーマンスが高い状態のパターン」（成功人格）を、感覚的にわかっている**のです。パフォーマンスをコントロールする方法を身につけているわけです。

一方、多くの人は、そもそも、自分のパターンにすら目を向けたことがない人がほとんどではないでしょうか？

そこで私は、誰もが成功人格を確立して、**自分のパフォーマンスをコントロールする方法**を体系化したのです。

うまくいくときの「心身状態」（ステート）を自覚する

成功人格を確立するために、重要なポイントがあります。

それは、**「自分のパフォーマンスが高いときの、心と身体の状態を自覚する」**というものです。

この「心と身体の状態」のことを、専門用語で「心身状態」（ステート）と言います。心身状態（ステート）とは、わかりやすく言えば「五感覚」のことです。

つまり、あなたがうまくいくときの、「視覚」「聴覚」「身体感覚」「嗅覚」「味覚」の5つの感覚を明らかにするのです。

なぜか？

それは、私たちの心と身体の状態と脳の働きが、深く関連しているからです。

たとえば、「人は下を向いていると、ネガティブな気持ちになりやすい」という話を、あなたも聞いたことがあるかもしれません。

実際、うつ病の診断を受けるような人には、「猫背」とか、「目を伏せがち」などの特徴があると言われています。

脳科学的には、猫背や目を伏せがちでいる人は、不安や恐怖などのストレスを感じる脳内物質が、通常の人よりも多く分泌されやすいということが明らかになっています。

逆に、「上を向いていると、ポジティブな気持ちになりやすい」という話を聞いたことがあるでしょう。

坂本九さんが歌った「上を向いて歩こう」という有名な楽曲があります。私はこの歌を例に出して、セミナー参加者の方々に、実際にこの歌を歌ってもらうことがあります。

すると、不思議なことに、参加者の方々は笑顔になり、声も自然と大きくなります。緊張感が解きほぐされ、気分もガラッと変わる人もいます。

なぜ、このようなことが起こるのか？

それは、**心と身体の状態と脳の働きが、強く結びついている**からです。

だから、パフォーマンスが高いときの心と身体の状態をつくり出すことができれば、私たちの脳の働きも活性化されるのです。ひいては、**あなたの成功人格の心身状態（ステート）を自覚する**ことが、パフォーマンスの向上にもつながるのです。

ネガティブな状態からすぐに脱出できる――成功人格がもたらす効果②

成功人格がもたらす効果の2つ目は、「ネガティブな状態からすぐに脱出できる」です。

成果の出ない人ほど、いったんネガティブな状態になってしまうと、そのネガティブな状態からなかなか抜け出すことができません。

自分を責め続けてしまい、ネガティブな状態にどっぷりと浸かってしまうのです。

私のもとに相談に来られたHさんもそうでした。

Hさんは、千葉県で不動産会社を経営している、とても優秀な男性なのですが、自分を責め続けてしまう失敗人格により、苦しんでいました。

たとえ小さなミスや失敗だとしても、極端に自分のことを否定したり、責め続けたりしていたのです。

たとえば、人付き合いなどの人間関係でうまくいかないことがあると、「なんで自分は他の人とうまく付き合うことができないんだろう。人とうまく付き合うことができない自分は、きっと能力がない人間なんだ……」と思い込んでしまっていたのです。

そんなHさんの状態を見た私は、**成功人格を確立するためのワーク**に取り組んでもらいました。

その結果、成功人格の取り組みを続けたHさんは、次のように話してくれました。

「成功人格を確立してとても大きかったポイントは、自分が失敗人格に陥っているときがすぐにわかるということです。今までは失敗人格に陥っていることすら気づけなかったので、自分を否定したり責め続けたりしていました。でも今は、成功人格の状態を自覚しているので、失敗人格に陥っても、すぐに成功人格に戻すことができるんです。その結果、仕事もプライベートも、驚くような良い変化を遂げることができました」

成功人格を確立すると、自分の心身状態（ステート）にとても敏感になります。

つまり、Hさんが言ったように、「成功人格でないときがわかる」のです。**自分自身を客観視できる能力**が、とても高まるわけです（このように、〝自分自身を客観視できる能力〟のことを専門用語で**「メタ認知」**と呼びます）。

成功人格を確立したからと言って、ネガティブな状態にならないということはありません。いつまでもパフォーマンスの高い状態でいられることなど、私たち人間にはありえないからです。

誰にでもパフォーマンスの上下はあります。

でも大切なことは、**ネガティブな状態になったときに、すぐにそのパフォーマンスを良い状態に戻せること**。それが何より重要です。

ネガティブな状態をすぐに脱出して、パフォーマンスの高い状態に戻すことができる。それが、成功人格がもたらす効果の2つ目です。

招待状が受け取りやすくなる――成功人格がもたらす効果③

成功人格がもたらす効果の3つ目は、「招待状が受け取りやすくなる」です。

私は大学生のときに、ある成功者から、次のようなことを教えてもらいました。

「石川君、この世の中には大きく3つの世界があるんだよ。

まず**大半の人がいる世界が、成功とは無縁の世界**。この世界にいる人は、残念なことに、どれだけ頑張っても成功を手にすることはできない。成功とは無縁の世界で一生を終えていくんだ。

そして2つ目が、**成功者の世界**。一般の人から見て、いわゆる成功者と言われる人たちが、この世界に当たるんだ。ただし、この成功者の世界に入れるのは、ほんのわずかな人たちだけ。大まかな数字で言うと、全体の5%に満たない人しか、この成功者の世界には入れない。

そして最後の3つ目の世界が、**真の成功者の世界**。この真の成功者の世界に入れる人は、世界を動かすような実権を握っているほんの一握りの人たち。真の成功者の世界に入るためには、元々の生まれが大富豪だったり、貴族階級ということも影響してくるんだよ」

当時の私にとって、この教えは衝撃的でした。この教えを授けてくれた人は、ある国の貴族階級の末裔《まつえい》で、先祖代々この教えを継承していると言っていました。

「招待状」に気づけるかどうか

この世界には、3つの世界がある。しかも、世の中のほとんどの人は、成功とは無縁の世界で一生を終える――。

興味を持った私は、続けて質問をしました。

「じゃあどうしたら、成功者の世界や真の成功者の世界に行けるんですか？」と。

その人は、少し間を置いてから、こう言いました。

「それはね、**成功者の世界や真の成功者の世界の人たちから、『招待状』を受け取る**ことだよ」

「招待状？　どういうことだ？？？」

私には、その人が言っていることの意味が、よくわかりませんでした。

友人や知人の結婚式のように、自分のもとに成功者から招待状が送られてくるのだろうか？

本気でそんなことを考えていました。

でも、よくよくその人の話を聞いてみると、どうもそうではないことがわかってきました。

招待状は、何も本当の招待状のように、紙になって渡されるわけではない。

この人が言っていた招待状とは、**「成功者や真の成功者からのお誘い」**のことを指していたのです。

たとえば、

「今度おもしろい会合に参加するんだけど、一緒に来ない？」

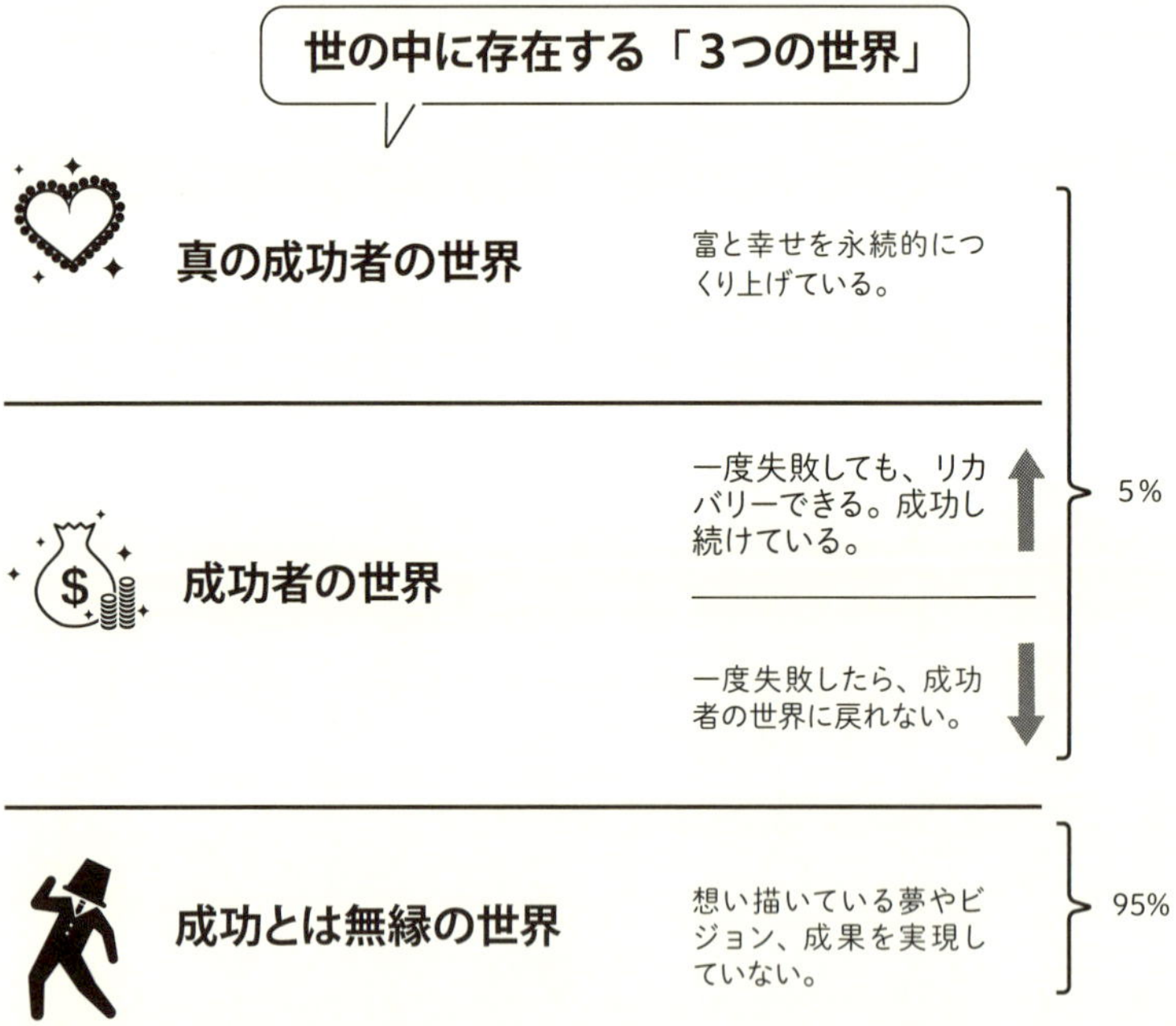
世の中に存在する「3つの世界」
真の成功者の世界
富と幸せを永続的につくり上げている。
成功者の世界
一度失敗しても、リカバリーできる。成功し続けている。
一度失敗したら、成功者の世界に戻れない。
5%
成功とは無縁の世界
想い描いている夢やビジョン、成果を実現していない。
95%

世の中には、「3つの世界」が存在する。それぞれの世界は、あたかもパラレル・ワールドのようなまったく別の世界。使っている「情報」「言葉」「当たり前のこと・常識」「人脈」「お金（資産形成力）の常識」など、あらゆることが違う。したがって、成功に無縁の世界から、成功者の世界には、単に願って行けるものではない。その移動を可能にするものが……、「招待状」！

「この仕事はきっとプラスになるから、やってみなよ！」

「紹介したい人がいるから、今度一緒に食事でもどう？」

こんなふうに、成功者や真の成功者の人たちから、声をかけられることが「招待状」をもらうということだったのです。

あれから数十年。今の私は、この教えを身に染みて実感しています。

どんな仕事であれ、**成功と無縁の世界にいる人が、成功者の世界や真の成功者の世界に行くためには、「招待状」を受け取る〝しか〟方法はありません。**

それなのに、成功と無縁の世界にいる人ほど、「招待状」をもらっているのにも気づかずに、いつの間にかその「招待状」を破り捨てています。

「今週は忙しいんで、ちょっと遠慮しときます……」

「今は仕事がいっぱいいっぱいなんで、他の人にお願いします」

「なんかこの人の言っていることは怪しいから、今回はやめておこうかな……」

これでは、自分から成功のチャンスを捨てているのと同じです。

一方、成功人格を確立した場合は、どうなるのでしょうか？

まず、**成功人格を確立すると、成功者からの「招待状」を受け取る機会が、とても増えます。**

先ほどから述べているように、成功人格を確立すると、常に高いパフォーマンスを維持することができます。たとえネガティブな状態に陥ったとしても、すぐにパフォーマンスの高い状態に戻すことができます。

そのため、ビジョンや目標を達成するまでのスピードも、圧倒的に速くなります。

あなたのステージ（社会的地位や影響力、発信力など）が上がれば、あなたが出会う人のステージも変わっていきます。

ビジョンや目標を達成していけば、それだけあなたが成功者と出会うチャンスは増えていくのです。

成功人格を確立すると、なぜ「招待状」をもらう機会が増えるのか？

では、成功人格を確立することで、なぜ「招待状」をもらう機会が増えるのでしょうか？

この疑問について、理論的な背景から説明がつきます。

私たち人間の能力には、**「認知能力」（コグニティブ・スキル）**と**「非認知能力」（ノン・コグニティブ・スキル）**があると言われています。

認知能力とは、ＩＱ（知能指数）や記憶力など、これまでの学校教育で重要だとされてきた能力のことです。

一方、非認知能力とは、パフォーマンスに影響を与えるその他の特性のことを指します。

具体的には、粘り強さ、協調性、やり抜く力、感謝する力といったものです。

最近の研究によれば、収入や社会的地位を手に入れるためには、認知能力だけでなく、非認知能力も大きな影響を与えることが明らかになっています。

成功人格を確立することは、この非認知能力を高めることにもつながっていると、私は考えています。

だから、成功人格を確立することで、成功者からの「招待状」を受け取る機会が増えるのだと思います。

公開！「成功人格」確立メソッドの全貌——5つのステップ＆20のワーク

ではここからは、いよいよ成功人格を確立するための方法をお伝えしていきます。

まずあなたにお伝えしたいのは、「成功人格確立のステップ」の全体像です。

全体像を先につかんでおくことで、あなたの現在地を把握しやすくなります。

成功人格を確立するステップとワークは、次のとおりです。

ステップ1　**現状を知る**

ワーク1　現状の自覚「現状1」

ステップ2　**成功の辞書の作成**

ワーク2　サクセス・パワー・ボキャブラリー

ワーク3　サクセス・パワー・フィーリング

ステップ3　**成功人格の自覚**

ワーク4　成功の本質

ワーク5　成功をつくり出す軸

ワーク6　サクセス・パワー・ステート（心身状態）の自覚

ステップ4　**成功人格の確立**

ワーク7　サクセス・パワー・アクション（成功をつくり出す行動・活動）

ワーク8　サクセス・パワー・フィーリング（成功をつくり出す気持ち・感情）

ワーク9　サクセス・パワー・パフォーマンス（結果）

ワーク10　サクセス・グロウス（成長）

ワーク11　サクセス・パワー・アクションナラティヴ

「成功人格確立のステップ」の全体像

ステップ5
成功人格の強化

ワーク17 成功人格ナラティヴ
ワーク18 成功人格の「成功の定義」
ワーク19 成功人格確立後の自覚「現状２」
ワーク20「現状１」と「現状２」の比較

ステップ4
成功人格の確立

ワーク7 サクセス・パワー・アクション（成功をつくり出す行動・活動）
ワーク8 サクセス・パワー・フィーリング（成功をつくり出す気持ち・感情）
ワーク9 サクセス・パワー・パフォーマンス（結果）
ワーク10 サクセス・グロウス（成長）
ワーク11 サクセス・パワー・アクションナラティヴ
ワーク12 サクセス・パワー・フィーリングナラティヴ
ワーク13 サクセス・パワー・パフォーマンスナラティヴ
ワーク14 サクセス・グロウスナラティヴ
ワーク15 サクセス・ビリーフ・バリューズ（信念と価値観）
ワーク16 サクセス・ビリーフナラティヴ

ステップ3
成功人格の自覚

ワーク4 成功の本質
ワーク5 成功をつくり出す軸
ワーク6 サクセス・パワー・ステート（心身状態）の自覚

ステップ2
成功の辞書の作成

ワーク2 サクセス・パワー・ボキャブラリー
ワーク3 サクセス・パワー・フィーリング

ステップ1
現状を知る

ワーク1 現状の自覚「現状１」

ワーク12　サクセス・パワー・フィーリングナラティヴ
ワーク13　サクセス・パワー・パフォーマンスナラティヴ
ワーク14　サクセス・グロウスナラティヴ
ワーク15　サクセス・ビリーフ・バリューズ（信念と価値観）
ワーク16　サクセス・ビリーフナラティヴ

ステップ5　成功人格の強化

ワーク17　成功人格ナラティヴ
ワーク18　成功人格の「成功の定義」
ワーク19　成功人格確立後の自覚「現状2」
ワーク20　「現状1」と「現状2」の比較

これが、私がお伝えしている成功人格を確立するための全体像です。

大きくは**5つのステップ**があり、各ステップに成功人格を確立するための**ワークが合計20個**あります。

セミナーでは、約3カ月間にわたって、成功人格を確立していきます。ただし、ここでお伝えしているステップの中には、セミナーや個人セッションで取り組まなければ、十分な効果が望めないワークもあります。

文章だけでお伝えしても、本来の効果が発揮できない可能性が高いのです。

そのため、本書では、セミナーや個人セッションでお伝えしている本来のステップではなく、**本書を執筆するにあたって、私が新たに体系化した「成功人格確立のステップ——書籍バージョン」**をお伝えします。

もちろん、本来のステップに取り組んでもらったほうが効果的なのですが、本書でお伝えするステップを実践するだけでも、十分な効果が得られるように新たに体系化しました。ぜひ取り組んでみてください。

「成功人格確立のステップ」を実施するときの注意点とルール

ただし、ここであなたに注意してもらいたいことがあります。

仕事やスポーツもそうですが、結果を出すためには効果的な方法でトレーニングを積み重ねることが大切です。

当たり前のことですが、本書を読んだだけでは、成功人格を確立することはできません。**本書でお伝えしているワークに真剣に取り組む**ことが、あなたが成功人格を確立するためのとても重要なポイントです。

成功人格は、一朝一夕で確立できるようなものではありません。だからあなたにも、これからお伝えするワークに繰り返し取り組んでもらいたいと思っています。

そのために私も、本書用に新たに体系化したステップを、できる限り具体的にお伝えしていきます。

まずは、**3週間**。本章でお伝えしているワークに取り組んでみてください。私の経験上、3週間真剣にこのワークに取り組んでもらった人には、ほぼ例外なく結果が出ています。

たとえば、ビジネスマンやOLであれば、会社での業績が大幅に上がり、年収が上がっています。

成功人格を確立することで、起業に成功して悠々自適な生活を送っている人もいます。

個人事業主や経営者の方であれば、自分の会社の業績を飛躍させている人もいるのです。

これは私の仮説ですが、**3週間真剣にワークに取り組むことで、脳に新しい成功人格の神経回路（シナプス）が形成されるの**だと思います。

だから、行動や考え方が大きく変わり、結果としてパフォーマンスも変わる。

そのために必要な期間が、3週間なのです。

ぜひ成功人格を確立して、あなたのパフォーマンスの変化を実感してもらえれば幸いです。

また、本文に記載している**ワークシートは、本書巻末に記載している読者限定特典URL（http://www.forestpub.co.jp/taiga/）より無料ダウンロードすることができます。**

ワークシートと併せて活用することでより効果が得られますので、ぜひ手に取ってみてください。

圧倒的な効果！「成功人格確立のステップ――書籍バージョン」を実践する

では、私が本書用に体系化した「成功人格確立のステップ――書籍バージョン」をお伝えします。

全体の概要は、次のとおりです。

ステップ1　成功の辞書の作成
ワーク1　サクセス・パワー・ボキャブラリーの作成
ワーク2　サクセス・パワー・フィーリングの作成
ステップ2　成功人格の心身状態（ステート）の自覚
ワーク3　サクセス・パワー・ステートの自覚

ステップ3　成功人格の確立

ワーク4　成功人格ナラティヴの作成

このような3つのステップと4つのワークを用意しました。

この3ステップと4つのワークに取り組んでもらうことで、あなたは成功人格を確立することができます。そして、普段の生活や仕事で、成功人格を発揮できれば、パフォーマンスは間違いなく向上します。

詳しい方法は、この後お伝えしますが、**それぞれのステップとワークの概要と狙い、効用**をお伝えしておきます。

「ステップ1　成功の辞書の作成」では、あなたにとって、「成功が実感できる言葉」と「成功が実感できる気持ちや感情」を書き出してもらいます。

「成功が実感できる言葉」を「サクセス・パワー・ボキャブラリー」、「成功が実感できる気持ちや感情」のことを「サクセス・パワー・フィーリング」と呼んでいます。

このステップが、成功人格の土台を確立するためのワークになります。ここでどれだけ自分

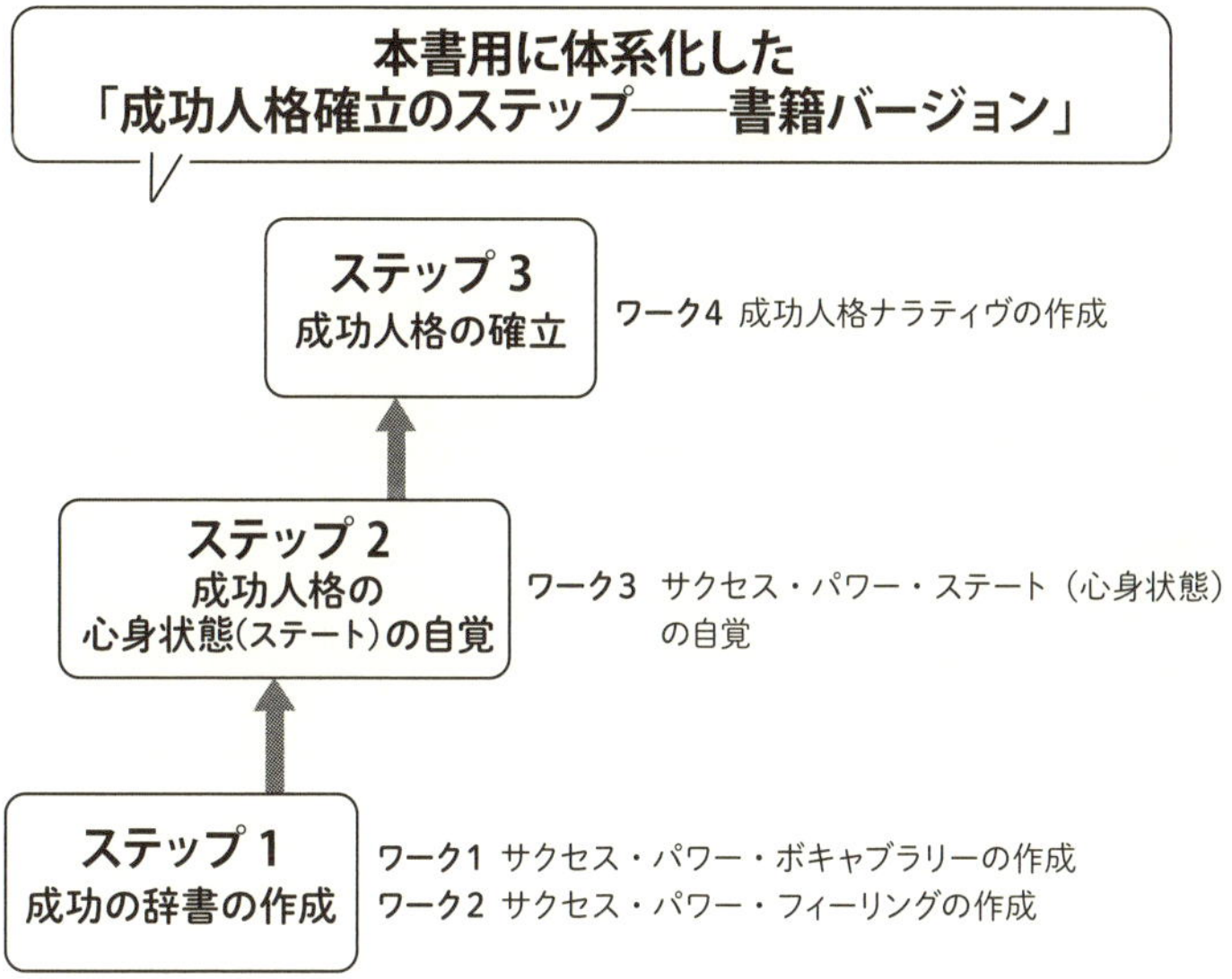

ごと化した成功の辞書を作成できるかが、あなたの成功人格の効果を左右します。

ただ単にワークに取り組むだけでは、効果は出ません。ぜひ、ゆっくりと集中できる環境で、このワークに取り組んでください。

「ステップ2　成功人格の心身状態（ステート）の自覚」では、「あなたが成功を実感できているときの心と身体の状態（心身状態）」を自覚してもらいます。

この章の前半でもお伝えしましたが、脳の働きと身体の状態は、とても深く結びついています。一流のスポーツ選手や業界トッププレイヤーも実践しているように、心と身体の状態を良くすることで、脳の働きも活発になるのです。

この「ステップ２」では、そんなあなたの成功人格の心身状態を自覚してもらうために、「サクセス・パワー・ステートの自覚」というワークに取り組んでいきます。このワークに取り組むことで、あなたは常にパフォーマンスの高い状態を発揮することができるでしょう。

先ほどの事例でお伝えしたＨさんのように、もしネガティブな状態に陥ったとしても、すぐに成功人格に戻れるかは、このステップをしっかりと自分のものにできるかどうかにかかっています。


そして、最後の**「ステップ3　成功人格の確立」**は、あなたの成功人格を完全に定着させるためのステップになります。

この「ステップ３」に取り組むことで、「成功者や真の成功者からの招待状をもらえる機会」が圧倒的に増えます。

ステップ３に用意した「ワーク４」に取り組むことは、あなたの非認知能力を高めることにもつながります。

成功とは無縁の世界にいる人が、成功者や真の成功者の世界に行くための唯一の方法、それは「招待状」をもらうことです。その「招待状」をもらうための方法が、ステップ３となります。

ぜひあなたも成功人格を確立して、自分のステージが上がっていく瞬間を実感してください。

自分だけの「成功の辞書」をつくる――【ステップ1】成功の辞書の作成

それではまず、「ステップ1　成功の辞書の作成」に取り組んでみましょう。

このステップでは、あなただけの成功の辞書を作成します。

成功の辞書は、**成功人格の土台づくりとなる基本的なワーク**です。

あなたにとって、いかに効果的な成功の辞書を作成できるかが、成功人格の成否を分けます。

なかには、「成功の辞書？　言葉や感情を書き出しただけで、そんなに変わるの？」と疑問に思う人がいるかもしれません。

でも、実際のセミナーでも、この成功の辞書を作成することによって、大きな変化を遂げた人は何人もいます。

たとえば、何か失敗したり、嫌なことがあると、いつも自分を責めていた主婦が、自分だけの成功の辞書を作成することによって、毎日自信を持って生活を送れるようになりました。

いつも部下に怒鳴り散らしてばかりだった管理職の男性は、成功の辞書を読み続けることによって、部下にも親身に接することができるようになり、社内の誰からも頼られるような信頼関係を築くことができるようになりました。

このように、成功の辞書を作成することによって、大きな変化を手にした人は何人もいます。

「成功の辞書」作成の際の注意点と重要ポイント

ただし、ここで重要なポイントがあります。

それは、**「あなたにとって」成功が実感できる言葉や感情を明らかにする**ことです。

この成功の辞書を作成するワークをすると、成功者の名言集やどこかの本やセミナーで見聞きしたことのあるような言葉を書き出す人がいますが、それではまったく意味がありません。

このような言葉は、一見カッコよく思えたりもしますが、しょせんは他人ごとです。あなたの心の中から生まれた言葉ではないのです。だから、このような言葉を参考にして成功の辞書を作成しても、はっきり言ってまったく効果がありません。

結局は、他人ごとの言葉であり、決してあなたのものになった言葉ではないからです。

大切なのは、自分としっかりと向き合う時間をつくって、**自分だけの成功の言葉を考えること**です。

「私にとっての成功の言葉とは、どのようなものか？」
「成功の言葉を表現すると、どのようなものになるのかな？」
「私にとって成功とは、どういうことだろう？」

このような問いかけを、自分自身にしてみてください。

他人に見せるための、カッコいい言葉を書く必要はありません。あなたの心の中から湧き出てくる言葉を書き出すことが、とても大切です。

このような点に注意しながら、ワークに取り組んでみてください。

ワーク1 サクセス・パワー・ボキャブラリーの作成

◎実践ステップ1……サクセス・パワー・ボキャブラリーを書き出す

ではいよいよ、成功の辞書作成の、具体的なステップに取り組んでいきましょう。

ぜひあなたも、紙とペンを用意して、本書を読み進めながらワークに取り組んでみてください。

最初にあなたに取り組んでもらいたいのは、**サクセス・パワー・ボキャブラリーの作成**です。

サクセス・パワー・ボキャブラリーとは、**「あなたが成功を実感できる言葉」を書き出すこと**です。

基本的にはどんな言葉でもかまいませんので、あなたが成功を実感できる言葉を書き出してみてください。

「自由」「愛」「心」など……、こんな感じのキーワードでもOKです。

逆に、「自由を手に入れている」「たくさんの人に愛を与えている」「心が満たされている」といった文章でもOKです。

また、「自由」や「自由を手に入れる」など、似たような言葉が出てきてもかまいません。


「私にとっての成功の言葉とは、どのようなものか？」

「私にとっての成功を言葉で表現すると、どのようなものになるのかな？」

「私にとって成功とは、どういうことだろう？」


こんな質問を自分にして、思いついた言葉を書き出してみてください。

次に、**書き出す成功の言葉の量**ですが、これは特に決まっていません。

ただし、あまりに少なすぎても効果が発揮できませんので、私のセミナーでは、**ワークシート5枚分（http://www.forestpub.co.jp/taiga/ よりダウンロード可能）**を、1つの目安として取り組んでもらっています。

特典のワークシート1枚につき、12個の成功の言葉を書き出すことができますので、具体的には60個の成功の言葉を書き出すことがひとまずの目安になります。

もちろん、**60個以上成功の言葉を思いつく人は、どんどん書き出してもらってOK**です。

繰り返しになりますが、最大のポイントは、あなたにとって成功が実感できる言葉を書き出すこと。

この成功の言葉を書いている最中に、ワクワクした気持ちが湧き上がってきたり、喜びや幸せといったポジティブな感情が出てきたら、それはとてもうまくいっている証拠です。

逆に、ただ単に言葉を書き出しているだけの人は、自分の気持ちや感情の変化を実感することはできません。

先ほども述べたように、ただ言葉を書き出すだけでは、このワークはまったく意味がありません。

「書き出している最中に、自分の気持ちや感情に変化があるかどうか」

これを1つの基準として、落ちついて集中できる環境で、あなたにとって成功が実感できる言葉を書き出していきましょう。

◎実践ステップ2……「メイン」と「バックアップ」に分ける

実践ステップ1でサクセス・パワー・ボキャブラリーが書き出せた人は、次は「メイン」と「バックアップ」に分ける実践ステップに入ります。

メインとバックアップに分けることで、より使い勝手が良いようにサクセス・パワー・ボキャブラリーを整理します。

「メイン」とは、書き出したサクセス・パワー・ボキャブラリーの中でも、**特にあなたにとって成功が強烈に実感できる言葉**のことです。

書き出したサクセス・パワー・ボキャブラリーを実際に読み上げながら、「これはメインだ！」と直観で感じた言葉を、丸で囲んでみてください。

あなたが直観で、「これはメインとなる成功の言葉だ！」と感じたのであれば、それでOKです。丸をつけてみましょう。

また、このワークをしていると、「メインの言葉は、何個までしかつけてはいけないという決まりはありますか？」という質問をもらうことがあります。

サクセス・パワー・ボキャブラリーを書き出す

◎「私にとっての成功の言葉とは、どのようなものだろう？」
◎「私にとっての成功を言葉で表現すると、どのようなものになるだろう？」
◎「私にとって成功とは、どういうことだろう？」
◎「成功する、成功しているということを意味する言葉を自分の言葉で表現すると、どのような表現になるのか？

上記の質問を自分に問いかけて、
成功する、成功しているということを実感する自分の言葉や表現をピッタリする言葉で自由に書き出してください。

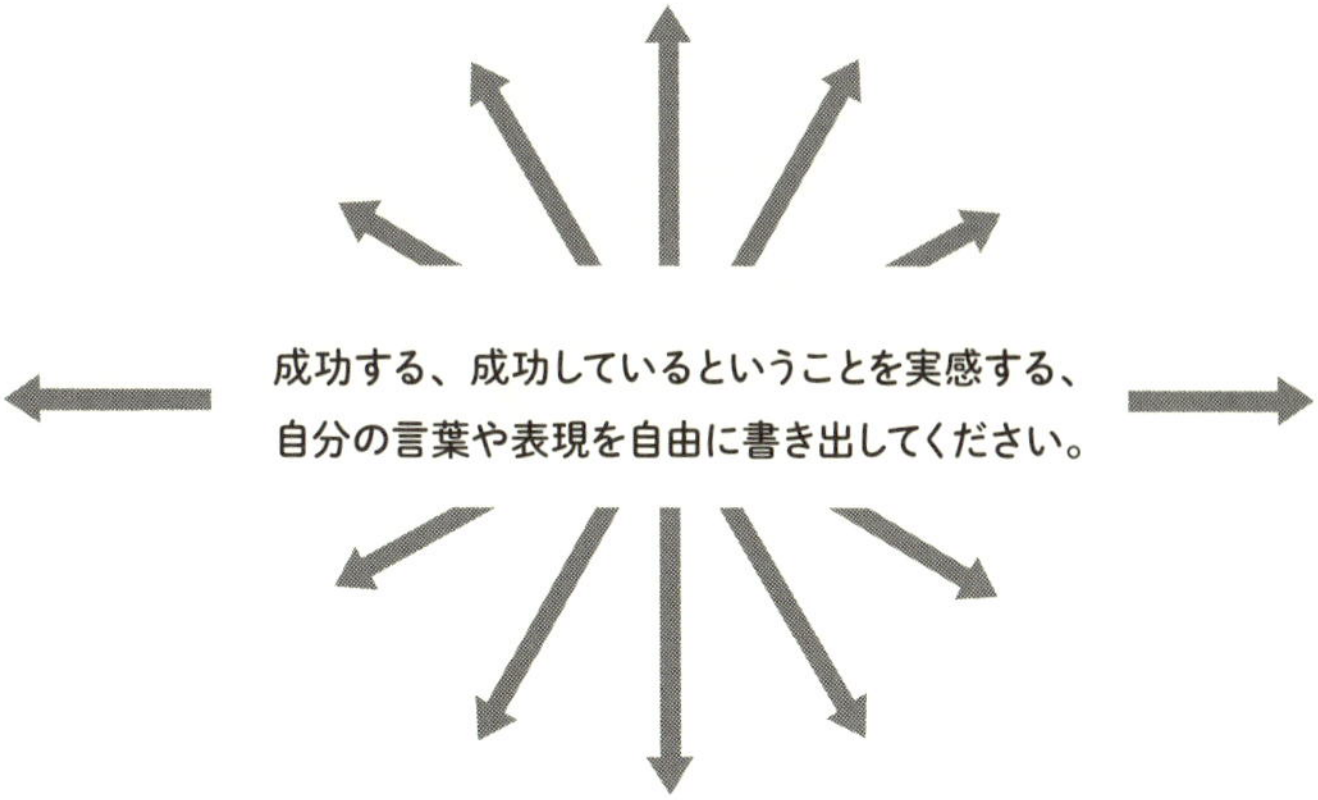
成功する、成功しているということを実感する、
自分の言葉や表現を自由に書き出してください。

※書き出した言葉や表現は、それ自体で成功する、成功していることが、「自分のこと」として実感できているかチェック！
※目安は、このシート５枚分、合計60個書き出してみよう！

答えは、ノーです。

「メイン」となる言葉は、いくらあってもかまいません。

あなたが直観で「これはメインだ！」と思う成功の言葉を、いくつでもいいので◯で囲んでみてください。

丸で囲んだ成功の言葉が、「メイン」、**丸がついていない成功の言葉が、「バックアップ」**となります。

あなたのメインとバックアップの言葉は、それぞれいったいいくつになったでしょうか？

◎実践ステップ3……成功の言葉をデータ化する

次にあなたが取り組む実践ステップは、**メインとバックアップに分けた成功の言葉を、データ保存する**という作業です。

パソコンやタブレットのドキュメントファイルを開いて、今まで書き出した成功の言葉を入力していってください。

書き方はいたって単純です。

メインから書き始めて、その次にバックアップを書き出すといった具合です。

次ページに参考事例を記載しておきますので、それを参考にしながら取り組んでみてくださ

成功の言葉をデータ保存！
「サクセス・パワー・ボキャブラリー」の例

メイン

・人としての魅力
・達成感
・自分である喜びを感じる
・感動をする
・自分を磨く努力を惜しまない
・本質が見えている
・幸せが何かわかる
・健康でいることが基本
・自分が幸せである
・成功
・生きる喜び
・先祖、家族への感謝の気持ち
・先祖を大事にする
・幸せな人生
・楽しんでいる
・充実を感じている
・健康である
・愛する人
・家族、兄弟を守る
・自分である誇り
・自分の美意識
・魅力的である
・紳士
・自分を大事にしている

バックアップ

・品格
・人生を楽しむこと
・自分に向き合っている
・自分を持っている
・自分の家族を大事にする
・熱意
・能力を開花させる
・自分を高めている
・誇りを持つ
・自分の実力
・家族を守る力がある
・多くのご縁をいただける
・仕事で成功している
・責任
・収入を安定させる
・遊び上手である
・時間を粗末にしない
・自信
・自分と向き合っている
・人を見極める

パソコンやタブレットのドキュメントファイルを開いて、今まで書き出した成功の言葉を入力しよう！

「メイン」から書き始めて、その次に「バックアップ」を書き出す。

いね。

また、この「実践ステップ3」でデータ化できたサクセス・パワー・ボキャブラリーは、**印刷して手帳などに貼って持ち歩く**といいでしょう。

いつでも見られる状態にしておくと、この後の実践ステップもとてもやりやすいからです。

データ化したサクセス・パワー・ボキャブラリーの画像を、スマートフォンの待ち受けにしておくのも効果的な方法の1つです。

◎実践ステップ4……自分ごと化のトレーニング

ここまでのステップで、ひとまずあなただけのサクセス・パワー・ボキャブラリーが完成しました。

さて、ここからがとても重要です。

「実践ステップ4」は、あなたがサクセス・パワー・ボキャブラリーを自分ごと化するためのトレーニング方法です。

この**トレーニングを積み重ねることで、あなたのパフォーマンスは間違いなく向上**します。

トレーニングと言っても、やり方はいたって簡単です。

実践ステップ3でドキュメントファイルに打ち込んだサクセス・パワー・ボキャブラリーを

印刷して持ち歩き（スマートフォンなどの待ち受け画像でもＯＫです）、**毎日5〜10分、気持ちや感情を込めて、読み込んでください。**

このトレーニングを積み重ねていくことで、あなたの脳には成功人格の神経回路（シナプス）が形成されていきます。

まずは3週間を目安に、毎日のワークを積み重ねていきましょう。

◎実践ステップ5……成功の辞書のブラッシュアップ

実践ステップ4の自分ごと化のトレーニングを積み重ねていると、なかには違和感を感じる言葉があったり、成功の実感がしにくい言葉を発見する場合があります。

その場合は、よりあなたが成功を実感できるように、**サクセス・パワー・ボキャブラリーを自由に修正**していきましょう。

たとえば、「自由」という言葉に違和感を感じるのであれば、「自由を手にしている」や「自由に生きている」などのように修正してみて、よりあなたが成功を実感できる表現にしてみましょう。

このサクセス・パワー・ボキャブラリーのブラッシュアップを重ねることで、より自分ごと化した成功の言葉の辞書が作成できます。

以上がサクセス・パワー・ボキャブラリーの作成のステップです。

普段の生活や仕事で嫌なことがあってネガティブな状態になったときには、ぜひこのサクセス・パワー・ボキャブラリーを読み上げてみてください。すぐにネガティブな状態から脱出することができ、このサクセス・パワー・ボキャブラリーの効果が実感できるはずです。

ワーク 2
サクセス・パワー・フィーリングの作成

続けて、成功の辞書のもう1つ「サクセス・パワー・フィーリングの作成」に取り組んでいきましょう。

このワークも、基本的には、先ほど取り組んでもらった**サクセス・パワー・ボキャブラリーと同じ内容**です。

実践ステップについても、ほぼ同じ内容です。

具体的には、「実践ステップ2『メイン』と『バックアップ』に分ける」から「実践ステップ5　成功の辞書のブラッシュアップ」までは、先ほどお伝えした内容と同じ要領で取り組んでください。

ただ1つ内容が違うのは、「実践ステップ1　サクセス・パワー・ボキャブラリーを書き出す」の部分です。

今回あなたに書き出してもらうのは、「サクセス・パワー・フィーリング」、つまり、**「成功を実感しているときの気持ちや感情」**です。

「私にとっての成功の気持ちや感情とは、どのようなものか？」

「私にとって成功を実感しているときの気持ちや感情とは、どのようなものになるのかな？」

「私にとって成功を実感しているときの気持ちや感情とは、どういうことだろう？」

このような問いかけを自分にしながら、成功を実感しているときの気持ちや感情を書き出していきましょう。

「ワクワク」、「達成感」、「幸福感」など……、思いついた気持ちや感情を、自由に書き出していきましょう。

また、読者特典としてダウンロードできる専用のワークシートもご用意しましたので、こちらもあわせて参考にしてみてください（無料ダウンロード http://www.forestpub.co.jp/taiga/）。

ここで1つあなたにお伝えしておきたいのは、「サクセス・パワー・ボキャブラリー」と

「サクセス・パワー・フィーリング」を書き出す

◎「**私にとっての成功の気持ちや感情とは**、どのようなものだろう？」

◎「**私にとって成功を実感しているときの気持ちや感情**とは、どのようなものになるだろう？」

◎「**私にとって成功を実感しているときの気持ちや感情**とは、どういうことだろう？」

上記の質問を自分に問いかけて、
成功する、成功しているときにつくり出す気持ちや感情（サクセス・パワー・フィーリング）を表現する自分の言葉や表現をピッタリする言葉で自由に書き出してください。

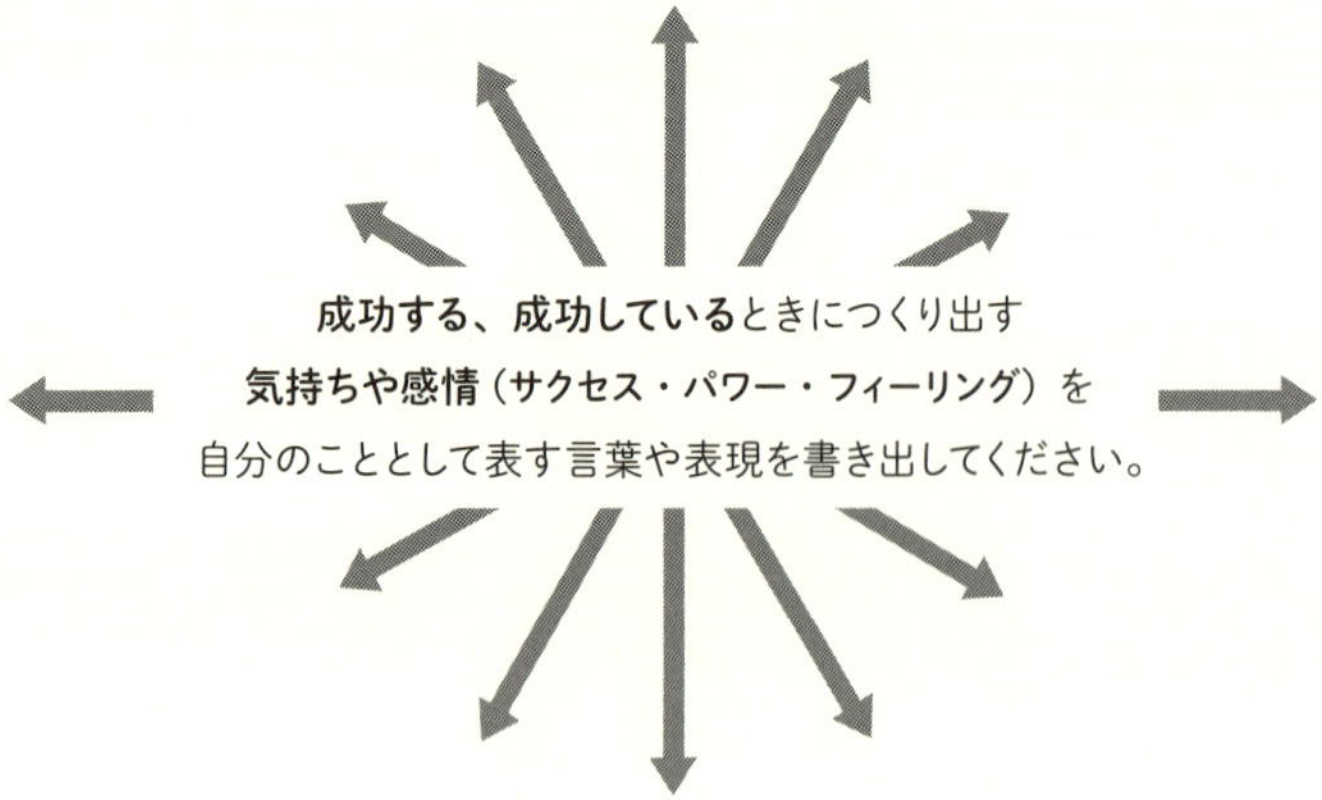
成功する、成功しているときにつくり出す
気持ちや感情（サクセス・パワー・フィーリング）を
自分のこととして表す言葉や表現を書き出してください。

※書き出した言葉や表現はそれ自体が成功する、成功しているときにつくり出す気持ちや感情（サクセス・パワー・フィーリング）を自分のこととして実感できるかチェック！
※目安は、このシート5枚分、合計60個書き出してみよう！

「サクセス・パワー・フィーリング」が、「**なんだか似たような言葉になってしまっている**」という疑問や不安についてです。

これは、結論から言うと、**まったく問題ありません**。

「ワーク１」で書き出した内容と似たような気持ちや感情が出てきても問題ありませんので、思いつくままにサクセス・パワー・フィーリングを書き出してみましょう。

自分にとってパフォーマンスの高い心身状態を確立する
――【ステップ２】成功人格の心身状態（ステート）の自覚

ここまで取り組んでもらったあなたは、「ステップ１　成功の辞書の作成」まで、ひとまず終えたことになります。

自分だけの成功の辞書を作成してみて、どうでしたか？

成功の辞書を作成する前と後では、あなたの中に変化は生まれましたか？

大切なことは、**自分自身の感覚（気持ちや感情など）の変化を実感する**ことです。

成功の辞書を作成して、それを毎日読み上げても何も変化が感じられないという人は、もう一度サクセス・パワー・ボキャブラリーやサクセス・パワー・フィーリングの書き出しから見直してみてください。

そもそも、自分が成功を実感できる言葉や感情を書き出せていない可能性があります。

また、具体的なやり方や取り組み方のポイントなど、個別に相談したいことがある人は、弊社に（メールアドレス **info@pro-alive.jp**）までご連絡をいただいてもOKです。ぜひ、成功の辞書を自分のものにしてくださいね。

さて、「ステップ1　成功の辞書の作成」を終えたら、次は「ステップ2　成功人格の心身状態（ステート）の自覚」に取り組んでいきましょう。

先ほども述べましたが、私たちの心と身体の状態（心身状態）と脳の働きは、とても強く結びついています。

だから、あなたの**心身状態を良い方向に持っていくことができれば、脳の働きも活性化され、パフォーマンスを高めることができます**。

この「ステップ2」では、あなたにとってパフォーマンスの高い心身状態を確立することで、あなたの脳の働きもより効果的なものにするということを意図しています。

成功人格の心身状態（ステート）が自覚できれば、常にあなたの脳は活発に働き、いつでも高いパフォーマンスを再現することができます。

先ほど、エピソードで取り上げた千葉県で不動産会社を経営しているHさんも、成功人格を確立する前までは、仕事やプライベートで嫌なことがあると、一日中調子が上がらなかったそうです。

しかし、**成功人格の心身状態（ステート）を自覚して、いつでもその状態を再現できるようになってからは、嫌な出来事があっても、すぐにパフォーマンスを戻すことができる**ようになりました。

まわりの出来事に、振り回されることがなくなったのです。

これは、ものすごく大きな進歩だと私は思います。

ぜひあなたも、成功人格の心身状態を確立して、仕事や普段の生活でその効果を実感してください。

この成功人格の心身状態を確立するステップでは、「サクセス・パワー・ステートを自覚する」というワークに取り組んでいきます。

では、成功の辞書を作成したときと同じように、１つずつ実践ステップに取り組みながら、成功人格の心身状態を確立していきましょう。

ワーク3 サクセス・パワー・ステートの自覚

◎実践ステップ1……成功の辞書を読み上げて、成功を実感している状態をつくり出す

まずは、先ほど作成したサクセス・パワー・ボキャブラリーとサクセス・パワー・フィーリングの2つからなる**「成功の辞書」を、何回も読み込んでください。**

そして、「成功を実感している状態」を、あなたの中でつくり出してみてください。

具体的には、成功の辞書を自分に読み上げることで、自分の中で気持ちや感情の変化が起きていることを実感できればＯＫです。

ネガティブな状態で、この後のステップに取り組んでもまったく意味はないので、ここで成功を実感している状態をつくり出すことは、とても重要です。

「なんだかポジティブな気持ちになってきたな！」

「成功の辞書を読み上げているうちに、なんだか身体が良い状態になってきているぞ！」

「成功の辞書を読み上げる前とは、だいぶ状態が変わってきたなぁ！」

こんなことを実感できたら、次の実践ステップへと進んでいきましょう。

◎実践ステップ2……「サクセス・パワー・ステート質問集」を活用して、成功人格の心身状態を自覚する

さて、実践ステップ1を行なって、成功を実感している状態をつくり出すことができたら、次はいよいよサクセス・パワー・ステートを確立するステップです。

ノートと紙を用意したら、次ページの「サクセス・パワー・ステート質問集」を見てください。

10の質問が、あなたの成功人格の心身状態を確立するために、私が厳選したものです。

具体的な取り組み方としては、「実践ステップ1」で**成功の辞書を読み上げて、成功を実感している状態になったうえで、サクセス・パワー・ステート質問集の質問に1つずつ答えてみてください。**

そのときに大切なことは、**必ずノートやワークシートに自分の考えを書き出しておく**こと。

たとえば、1つ目の質問の「成功を実感している状態の、自分の重心はどこにあるだろう?」という質問には、実際に立ち上がってみて、自分の重心がどこにあるかを探ってみてください(椅子に座ったままのほうがやりやすい人は、椅子に座ったままでもOKです)。

そして、**「自分が成功を実感できている状態のときに、重心はどこにあるだろう?」**と自問しながらあなたの重心を探ってみましょう。

「サクセス・パワー・ステート質問集」

「**成功を実感している**ときの**心身状態**（**サクセス・パワー・ステート**）を表現すると、**どのような感覚**なのだろうか？」

実際に感覚を試しながら、実感しながらピッタリする表現で自由に書き出してください。

※目的は「常に成功人格で生きる（成功人格の状態を維持する）」「失敗人格になったときにすぐに、成功人格に戻れるようになる」ためです。

1. **成功を実感している**ときの自分の“重心”はどこにあるだろう？
（　　　　　　　　　　　　　　　　　　　　　　　　　　　）
2. **成功を実感している**ときの自分は、どのような“姿勢”をしているのだろう？
（　　　　　　　　　　　　　　　　　　　　　　　　　　　）
3. **成功を実感している**ときの自分の“筋肉の張り具合”はどんな感じなのだろう？
（　　　　　　　　　　　　　　　　　　　　　　　　　　　）
4. **成功を実感している**ときの自分の“手の位置や力の入れ具合”はどれがピッタリする感覚なのだろう？
（　　　　　　　　　　　　　　　　　　　　　　　　　　　）
5. **成功を実感している**ときの自分の“呼吸の深さ”はどれくらいがピッタリする感覚なのだろう？
（　　　　　　　　　　　　　　　　　　　　　　　　　　　）
6. **成功を実感している**ときの自分の“視線”はどこを見ているのだろう？
（　　　　　　　　　　　　　　　　　　　　　　　　　　　）
7. **成功を実感している**ときの“明るさ”はどのくらいがピッタリする感覚なのだろう？
（　　　　　　　　　　　　　　　　　　　　　　　　　　　）
8. **成功を実感している**自分の“リラックス度合い”はどのくらいがピッタリする感覚なのだろう？
（　　　　　　　　　　　　　　　　　　　　　　　　　　　）
9. **成功を実感している**自分を“象徴するグッズ”はどれが一番ピッタリするだろう？
（　　　　　　　　　　　　　　　　　　　　　　　　　　　）
10. **成功を実感している**自分の“音楽やサウンド”はどれが一番ピッタリするのだろう？
（　　　　　　　　　　　　　　　　　　　　　　　　　　　）

※各質問の下に、実際に感覚を試しながら、実感しながらピッタリする表現で自由に書き出してみよう！

「お腹のあたりに重心がある」と言う人がいるかもしれません。

お腹よりも少し下の丹田《たんでん》（おへそより約5㎝下の部分）に重心があるという人もいるかもしれません。

まずは、「何となくこのあたりに重心があるかも」という感覚でいいので、成功を実感しているときの重心を探ってみましょう。

重心をなんとなく自覚することができたら、他の質問も同じように自分の心身状態を確認していきます。

なかには、これまでに聞かれたことのないような質問もあると思います。

でも、できる限り自分の感覚を探ってもらい、まずはノートやワークシートに書き込んでみましょう。

◎実践ステップ3……再現性を確認する

「実践ステップ2」で「サクセス・パワー・ステート質問集」にひと通り答えることができたら、今度は**再現性を確認**していきます。

再現性とは、「いつでも成功人格の心身状態をつくり出すことができる」ということです。

たとえば、実践ステップ2で取り上げた「重心」。

あなたがノートやワークシートに書き出した重心の位置を、どのような心理状況でも再現できるでしょうか？

重心が再現できて、かつ「成功が実感できている状態」をつくり出せているのであれば、OKです。

そうでない人は、**いつどのような状況でも再現できるまで、重心を探っていきます**。

大切なことは、ノートやワークシートに書き出したメモを見たときに、いつでもその状態が再現できること。

大雑把な表現しかしていない人は、より細かく重心の位置をメモする必要があるかもしれません。

成功人格の心身状態が再現できれば、気持ちや感情にも変化が起こり、脳の働きも活性化されます。その結果、あなたのパフォーマンスも向上します。

参考までに、「サクセス・パワー・ステート」の回答事例を次ページに記載しておきます。

一番わかりやすい状況は、あなたが仕事や普段の生活で嫌なことがあって、**ネガティブな状態にどっぷりと浸っているときに、サクセス・パワー・ステートを試してみる**ことです。

そのときに、ノートやワークシートにメモした成功人格の心身状態を再現することができるかどうか。

「サクセス・パワー・ステート質問集」の回答例

「成功を実感しているときの心身状態（サクセス・パワー・ステート）を表現すると、どのような感覚なのだろうか？」

実際に感覚を試しながら、実感しながらピッタリする表現で自由に書き出してください。

※目的は「常に成功人格で生きる（成功人格の状態を維持する）」「失敗人格になったときにすぐに、成功人格に戻れるようになる」ためです。

1. **成功を実感している**ときの自分の“重心”はどこにあるだろう？
（おへその 5cm あたり下のところに重心がある。嫌な重さではなく、身体がどっしりとしていて、落ちついて構えている感覚。）
2. **成功を実感している**ときの自分は、どのような“姿勢”をしているのだろう？
（足は肩幅より 2cm ほど開いて、ひざは軽く曲がっていてリラックスしている。背筋は伸びて胸を張っていて、手は身体の横に自然と置いてある。）
3. **成功を実感している**ときの自分の“筋肉の張り具合”はどんな感じなのだろう？
（こわばっていなくて、リラックスしている感じ。ただし、ダラダラしているという感じではなく、何かあったらすぐにすばやく動けそうな準備態勢が整っている。全身の筋肉の感覚が鋭敏になっているように感じる。）
4. **成功を実感している**ときの自分の“手の位置や力の入れ具合”はどれがピッタリする感覚なのだろう？
（手の位置は身体の真横に自然と置いてある感じ。軽く握りこぶしになっているが、無駄な力が入っているというわけではない。）
5. **成功を実感している**ときの自分の“呼吸の深さ”はどれくらいがピッタリする感覚なのだろう？
（ゆっくりと深い。吐くのが4秒くらいで、吸うのが2秒のサイクルを繰り返している。）
6. **成功を実感している**ときの自分の“視線”はどこを見ているのだろう？
（右斜め上 45 度。2m くらい先を見ている。）
7. **成功を実感している**ときの“明るさ”はどのくらいがピッタリする感覚なのだろう？
（雲ひとつない空の青さをイメージしている。青々とした空がどこまでも続いているのを見上げている感じ。）
8. **成功を実感している**自分の“リラックス度合い”はどのくらいがピッタリする感覚なのだろう？
（ゆったりと時間が流れていて、大自然の中で身体をゆっくりと休めているような感覚。気持ちは常に落ちついているが、心の中では静かな情熱を感じている。）
9. **成功を実感している**自分を“象徴するグッズ”はどれが一番ピッタリするだろう？
（水色のハンカチ、青色のネクタイ）
10. **成功を実感している**自分の“音楽やサウンド”はどれが一番ピッタリするのだろう？
（自然の中にいるようなヒーリングサウンド（YouTube で検索可能））

※各質問の下に、実際に感覚を試しながら、実感しながらピッタリする表現で自由に書き出してみよう！
※こちらに書かれているのは、あくまで回答例です。回答例は参考程度にして、とらわれることなく、自分の自由な言葉、表現で書き出してみてください。

成功人格の心身状態が再現できて、かつ気持ちや感情にも大きな変化が実感できた人は、大成功です。いつどのようなときでも、成功人格を再現できるでしょう。

逆に、なかなかネガティブな状態から抜け出せない人は、まだまだ成功人格の心身状態の確立が甘いと言わざるをえません。

もう一度、成功の辞書を読み上げてから、自分の心身状態を細かく確認していきましょう。

物語の力で、成功人格を定着させる――【ステップ3】成功人格の確立

さて、いよいよ成功人格の確立も、終盤に差し掛かってきました。

ステップ3では、これまでのまとめとして、**「成功人格ナラティヴの作成」**のワークに取り組んでいきましょう。

「ナラティヴ」とは、「自分ごと化した物語」のことです。自分ごと化した物語を作成してほしいという思いから、「ナラティヴ」という言葉をあえて使っています。

なお、このステップ3も、ステップ1～2のワークをしっかりと実践していることが重要なポイントになります。まだ、ステップ1とステップ2を実践していない人は、ぜひこれまでにお伝えしたステップに取り組んでから、ステップ3を実践してください。

このステップ3を実践することで、今までのステップであなたが確立してきた成功人格を、よりあなたの脳に定着させることができます。

このステップで取り組む「成功人格ナラティヴ」を読めば、あなたはいつでも成功人格の状態を再現できて、常に高いパフォーマンスが発揮できるでしょう。


では、なぜ物語を書くことが成功人格の定着につながるのでしょうか。

実は、**物語というものは、私たちの脳の無自覚領域に影響を与える、強力なパワーを持っているの**です。

たとえば、あなたには好きな映画や小説はありますか？

その映画や小説のシーンを、頭の中で再現してみてください。

いかがでしょうか？

その映画や小説を覚えようとしていなくても、思い出すことができるのではないでしょうか？

これが、物語の力です。

少し話はそれますが、物語の力が悪用されると、洗脳にも活用されます。それだけ、物語の持つ力は、強力なものなのです。

ワーク 4 成功人格ナラティヴの作成

◎実践ステップ1……成功人格の一日を書き出す

では、成功人格ナラティヴの作成に取り組んでいきましょう。

まず、今までのステップと同じように、ノートとペンを用意してください。

ワークシートも用意していますので、ワークシートに直接書き込みたいという人は、あらかじめ、**読者限定URL（http://www.forestpub.co.jp/taiga/）からダウンロード**しておいてください。

これで準備が整いました。

いよいよ、成功人格ナラティヴをこれから書いていくわけですが、そのテーマはズバリ、

「成功人格で一日を過ごしたらどうなるか？」

です。

あなたが常に最高のパフォーマンスを発揮している「成功人格で過ごした一日」を自由に書き出してみてください。

仕事での活躍ぶりを書き出してもらってもＯＫです。あなたの家族や大切な人たちと過ごす一日を描いてもらってもＯＫです。

物語の長さも問いません。

自分が書いていて、思わずその物語にのめり込むようなものを書き上げてみてください。この**物語が明確であればあるほど、あなたの脳に成功人格が定着しやすくなります**。

さっそく、取り組んでいきましょう。

◎実践ステップ2……自分ごと化のトレーニング

成功人格ナラティヴ、書き出せましたか？　書き出せた人は、自分ごと化のトレーニングに取り組んでいきましょう。

トレーニング方法は、「成功の辞書」と同じように、**毎日5〜10分、成功人格ナラティヴを読み込む**というものです。

3週間を目安として、成功人格ナラティヴの読み込みを続けていきましょう。

その際、物語の構成や表現などに違和感を覚えた人は、どんどん物語を修正していきましょう。

物語を修正するという取り組みが、より成功人格ナラティヴを効果的なものにしていきます。

まだ現実に起こっていないことなのに、あたかもすでにその物語が実現しているかのような、そんな錯覚を覚えるくらいなら、とてもうまくいっている証拠です。

サクセス・パワー・ボキャブラリーやサクセス・パワー・フィーリングに書き出した言葉や感情が実感できるような、そんな成功人格ナラティヴを描いてみましょう。

さて、成功人格確立のステップをお伝えしてきましたが、いかがでしょうか?

この章でも自分ごと化のトレーニング方法をお伝えしてきたように、**成功人格は一度つくれば終わりというものではありません。**

あなたの中に成功人格を定着させることが、とても重要なポイントです。

ぜひ、あなたの中に成功人格を確立して、毎日高いパフォーマンスを発揮してもらえれば、著者としてこんなにうれしいことはありません。

第4章

自分の「失敗人格」に適応する方法

マイナスの状態を「ゼロ」に戻す技術

この章では、第1章でお伝えした成果の出る人の共通点、

◎成果の出る人の共通点①「うまくいくモードを自覚している」
◎成果の出る人の共通点②「失敗するモードに適応している」
◎成果の出る人の共通点③「天才性を最大限に発揮している」

この3つの共通点のうちの2つ目、**「成果の出る人の共通点② 失敗するモードに適応している」**について、より詳しくお伝えしていきます。


この章のキーワードは、**「失敗人格」**。

この失敗人格に適応して、あなたが望む結果や目標を手に入れるための方法を身につけてもらうことが、この章の目的です。

第3章でお伝えした成功人格が、「プラスの状態を超プラスの状態に『パワーアップさせる

方法』」だとすれば、これからお伝えする失敗人格は、**「マイナスの状態をゼロもしくはプラスの状態に『戻す方法』」**です。

だから、もっとパフォーマンスを上げたいときには成功人格の状態になればいいし、ネガティブな状態を普段の状態に戻したいときは、失敗人格に適応すればいいのです。

成功人格と失敗人格の考え方の両方が身につけば、そんなことも可能になるのです。

うまくいかないとき、誰でも「失敗人格」になっている

この話をすると、「成功人格と失敗人格、どちらを求めて来られる人が多いんですか？」という質問をもらうことがよくあります。

あなたは、どちらだと思いますか？

私のこれまでの経験から言えば、**「自分の失敗人格に適応したい」ということで相談に来られる人が圧倒的に多い**のです。

私も最初、この結果には驚きました。

「自分が本来持っている可能性を最大限に発揮するために、成功人格を確立したい！」

そう思っている人が圧倒的に多いと考えていたからです。

でも、よくよく考えてみると、それは違うのかもしれないと最近は考えるようになりました。毎日のようにビジネスに精力的に取り組んでいる経営者や事業家のような人たちであれば、「自分の力を最大限に引き出して、もっと業績を伸ばしたい」と考えるのは、ごく自然なことかもしれません。

このような人たちは、自分のパフォーマンスを最大限に高めてもっと会社を大きくしたいと、常に考えていることでしょう。

でも、その他の人たちはどうでしょうか？

たとえば、サラリーマンやＯＬとして一般企業に勤めている人たち。

彼らは、経営者や事業家たちと同じように、毎日１００％意欲に満ちあふれた状態で、仕事をしているでしょうか。

もちろん、そのような人も多くいますが、全員がそうだとは私は思いません。

「会社に行くのがめんどくさい」と感じるときもあるし、どうしたってやる気が出ないときもあるでしょう。社内での人間関係が嫌になって、誰とも関わりたくないときだってあるでしょう。仕事だけではなく、家庭の問題が仕事に影響することだってあるでしょう。

むしろ、全人口の割合で考えてみれば、経営者や事業家といった人たちはほんのひと握りです。

日本人の大半は、サラリーマンやＯＬなどの会社員、あるいは専業主婦といった人たちになるはずです。

そのような人たちは、成功人格を確立することはもちろんですが、**日々の仕事や普段の生活で抱えている悩みに対応**するためにも、失敗人格に適応することがとても重要です。

失敗人格は、どんなに優秀な人でも、トップクラスの人でも、人間であれば誰でも持ち合わせています。

もしあなたも同じように、仕事や普段の生活で悩みや問題を抱えているなら、ぜひこの章を読んで、自分の失敗人格に適応する方法を身につけてほしいと思います。

「失敗人格」を自覚していない限り、自分では気づけない

あなたにこの失敗人格の考え方をより実感してもらうために、あるエピソードをお話しします。

私のもとに相談に来られた、ある人材紹介会社の30代の営業マネージャーのNさん（男性）のお話です。

Nさんが私にコンサルティングを依頼してきたのは、２０１４年の夏のことでした。

当時のNさんは明らかに失敗人格に陥っていて、苦しみもがいていました。

「仕事で成果を出すためには、長時間にわたって働かなければならない」と思い込み、疲労がどんどん溜まり、結果的にパフォーマンスも下がっていたのです。

終電で帰るのは当たり前。会社のキャンペーンなどで忙しいときには、泊まり込みで仕事をすることも珍しくなかったそうです。

Nさんは長時間労働による疲労で、結果的に仕事のパフォーマンスも落としてしまっていたのですが、その落ちたパフォーマンスを補うために、また長時間働くという失敗人格のサイクルに陥っていました。

さらに、当然のことですが、長時間労働をすれば家族とのコミュニケーションも少なくなっていきます。実際、奥さんとの関係もかなり悪化していたそうです。

ここで恐いのは、

「失敗人格を自覚しない限りは、失敗人格に陥っていることに本人は気づくことができない」

という点です。

Nさんも、その例に漏れませんでした。

客観的に見れば、仕事でのパフォーマンスが落ちていることは、誰の目から見ても明らかです。

業績も自分の思うように上がっていないし、身体だってボロボロ。さらには奥さんとの関係まで悪化している。

そんな状況でも、Nさんは、自分が失敗人格に陥っていることに気づくことができませんでした。それどころか、うまくいかない自分を責め続けて苦しんでいました。

「このまま頑張って仕事を続ければ、きっと結果がついてくるはず……」

そう自分に言い聞かせて、来る日も来る日も不安と闘っていたと言います。

そんなとき、相談に来られました。

人は、自分で気づかない限り、本当の意味で変われない

先ほども述べたように、Nさんが失敗人格に陥っていることは、私の目には明らかでした。

そこで私は、目先のセールステクニックやマネジメントなどの手法ではなく、まずはその失敗人格に陥っていることを自覚してもらうことから始めたのです。

具体的には、Nさんが陥っている**失敗人格の「パターン」を自覚**してもらいました。

失敗人格の「パターン」とは、

◎失敗人格のときに抱いている気持ちや感情

◎失敗人格のときに取る（または陥ってしまう）行動や動作などの現象

◎失敗人格が引き起こしてしまうネガティブな結果

◎失敗人格が持っている信念や価値観

◎失敗人格が使っている前提

この5つのポイントを言います。

これだけ失敗人格のパターンを自覚すれば、失敗人格に陥ったときに、「あっ！　今の自分は◯◯のパターンを引き起こしているから、失敗人格に陥っている！」と気づくことができます。

だから、Nさんにも、「もしNさんが、現在失敗人格に陥っているとすれば、どのようなパターンを引き起こしていますか？」と質問をしながら、いくつものパターンを書き出してもらいました。

すると、Nさんは途中で気づきました。

「あっ！　たしかに今の自分は失敗人格に陥っている！」

と、自分で失敗人格に陥っていることを自覚できたのです。

この感覚が得られたら、しめたものです。

私たちは、自分自身で気づくことによってしか、本当の意味で変わることができません。

ここが、とても重要なポイントです。

他人がどれだけ効果的な知識を与えても、行動を促しても、それが結果に結びつくことはありません。

結果が出たとしても、それは一時的なものです。「行動しろ！」と命じても、その人を行動させることはできません。

本人が気づかない限り、行動に変化は現れないからです。そのため、いかに気づけるようにするかというアプローチ法を磨くことがとても重要になります。

「失敗人格」に陥るスイッチを見つける

自分のパターンを自覚してもらったNさんには、その次に「失敗人格のスイッチ」を発見するワークに取り組んでもらいました。

失敗人格に陥る際には、必ずその失敗人格に陥るスイッチがあります。そのスイッチも自覚してもらったのです。

Nさんの場合は、「長時間仕事をしていて結果も思うように上がっていないのに、『いつか結果が出るから大丈夫』と頭の中でつぶやく」ことが強烈なスイッチになっていました。

このスイッチが出たら、危険サインです。

Nさんには、そのスイッチが出たら、すぐに失敗人格から脱出するよう徹底的にサポートしました。失敗人格から脱出する方法については、のちほど解説します。

失敗人格のパターンと失敗人格になってしまうスイッチを自覚することにより、Nさんは失敗人格に陥ることが大幅に減少しました。

感覚的な数値で表現すれば、60～70％くらいは、失敗人格によるネガティブな影響が弱まったのです。

その後、Nさんは順調に業績を伸ばし、２０１５年10月には新規契約数で全国トップの成績をおさめました。２０１６年からは部長に昇進し、会社の期待の星として活躍されています。

大切なのは、「失敗人格を認めて、受け入れてあげる」

失敗人格と表現すると、ネガティブな印象を持つ人もいると思います。

でも、大切なことは、**「失敗人格そのものを否定しない」**ことです。

「失敗人格を認めて、受け入れてあげる」ことが、失敗人格と上手に付き合っていくためにはとても大切です。

失敗人格を受け入れてあげることで、自分を責めたり傷つけたりすることがなくなるからです。

何度かお伝えしているとおり、私たち人間は誰でも複数の人格を持っています。神様でもない限り、失敗人格があるのは当たり前のことです。

だからあなたも、毎日の生活で失敗人格が登場していても、決して自分のことを責めたり傷つけたりしないでください。

失敗人格が出ていれば、それを自覚し、認めて、受け入れてあげればいいのですから。その方法についても、のちほど解説します。

「失敗人格」がもたらす、恐ろしい落とし穴

Nさんのように、自分が失敗人格に陥っているのに、それに気づかずに残念な結果を手に入れてしまう人はたくさんいます。

たとえば、あなたのまわりにも、何度も注意しているのに、同じような失敗を繰り返してしまう同僚や部下はいませんか？

注意されているときはわかったようなフリをしているけど、しばらく経つと、また同じような内容のミスや失敗を繰り返してしまう。

本人に言わせると、「これは前回の失敗とは違って、○○を考えたうえでの取り組みなんです！」と主張したりもするのですが、まわりから見れば、本質的には同じ失敗を繰り返しているのは明らか。

このような状態が続くと、まわりからの信頼も失い、本人も次第に仕事に対するやる気を失ってしまいます。

でもこのような現象も、私から言わせれば、「同じ失敗を繰り返してしまう失敗人格が発動しているだけ」です。

たとえば、「上司の考えや意図をきちんと把握せずに、自分の勝手な考えで行動してミスを引き起こしてしまう失敗人格」を持っている社員がいたとします。

この失敗人格に陥っているときは、どれだけ上司や同僚がアドバイスをしても、そのアドバイスどおりに実行することはできません。いや、正しく言えば、失敗人格がアドバイスどおりに「実行させない」のです。

でも、本人からしてみれば、なぜ同じようなミスや失敗を繰り返してしまうのか、その原因はわかりません。なにも、ミスや失敗を繰り返したくて仕事をしているわけではありませんし、本人からすれば、精一杯頑張っているつもりだからです。

でも、結果からすれば、同じミスや失敗を繰り返してしまう。

このような現象も、**最大の原因は、「自分の失敗人格の存在を自覚していない」**ことが挙げられます。

失敗人格の最も恐ろしい落とし穴です。

Nさんもそうでしたが、「自分で失敗人格の存在を自覚しない限り、その失敗人格に適応することができない」というのが、失敗人格の一番やっかいなところなのです。

失敗人格は、できるだけ早く気づくほうがいい

失敗人格がもたらす悪影響の流れは、次のようになります。

↓

ほとんどの人は、自分の中に複数の人格があるなんて、思ってもいない。

だから、失敗人格の存在に気づいて、適応することはできない。

←

その結果、同じミスや失敗を繰り返してしまう。

この失敗人格がさらに悪化すると、より深刻な影響を及ぼします。

同じミスや失敗を繰り返してしまうだけなら、まだかわいいものです。

私のもとに相談に来られた、インテリアデザイナーで女性経営者のKさんは、自分の失敗人格によってとても深い傷を負っていました。

Kさんは、実家が貧しく、幼い頃から両親が転勤を繰り返してきたこともあって、とてもつらい幼少期を過ごしてきたそうです。

でもKさんは、転校先の小学校でも弱い自分を見せないために、自分自身が感じていた劣等感を補おうと、必死に努力をしました。

誰にも負けないよう、自分の能力やスキルを必死に磨いていきました。

そして、その努力から、Kさんはある信念を持つようになりました。

「私は誰にも負けてはいけない。常にナンバー1でなければいけないんだ」

まわりの人を蹴落《けお》としてでもという意気込みで、Kさんは業界でのし上がっていきました。

自分の能力を証明するために、人脈もどんどん広げていきました。

それが結果的に、本来はか弱い自分を守るための失敗人格をつくり上げてしまったのです。

特に深刻だったのは、対人関係における失敗人格です。

Kさんは、人と仲良くなるのは得意なのですが、自分自身が心の底から人を信用することができなかったのです。表面上は人付き合いが良く見えても、心のどこかでは相手を疑ってかかってしまうのです。最初はいいのですが、付き合いが深くなればなるほど、相手もKさんのことを避けるようになっていきました。

しかし彼女は、自分の失敗人格に気づくことができませんでした。その結果、付き合う人はすべて離れていき、ひとり孤独な人生を送っていたのです。

なぜ付き合う人がみんな自分から離れていってしまうのか、Kさんには理解できませんでした。

もし彼女が、もっと早く自分の失敗人格の存在に気づいて、それに適応していれば、彼女の人生はもっと違ったものになっていたはずです。

「もっと早く自分の失敗人格に適応することができていれば、私の人生は違った形になっていたかもしれません」

涙ながらに語ったKさんの言葉が、今でも忘れられません。

他にも、私がお会いしてきた中で、失敗人格の影響で人生を棒に振ってしまった人は、たくさんいます。だからこそ私は、この失敗人格の考え方をこの世の中に広めていきたい、心の底からそう考えています。

失敗人格は連鎖する

失敗人格の恐ろしい点は、もう1つあります。

それは、「失敗人格は連鎖する」という特徴を持っていることです。

いったん失敗人格が登場すると、その失敗人格がもたらすネガティブな反応により、次々に別の失敗人格が登場して、しばらくはネガティブな状況が続いてしまうのです。

具体的なエピソードを交えてお話ししましょう。

以前、私のもとに、冠婚葬祭業を営んでいる男性が、相談に来られたことがありました。仮にYさんとします。

Yさんは、自分でゼロから会社を立ち上げて非常に成功されている人だったのですが、自分の失敗人格にとても悩まされていました。

当時のセッションで書き出した失敗人格の数も、全部で100個を超えていました。

でも実はYさんが持っている失敗人格1つひとつの影響は、そんなに大きくはなかったのです。

たとえば、「小さなミスや失敗でも、すぐに部下を怒鳴りつけてしまう」という失敗人格を持っていました。些細《ささい》なミスや失敗でも、これでもかというほど怒鳴りつけて、とても深く相手を傷つけてしまっていたのです。

もちろん、これだけでもネガティブな影響をもたらしていることは確かなのですが、本当に恐いのはここからです。

部下を怒鳴りつけるだけならまだいいのですが、Yさんはそこで収まらなかった怒りを、他の従業員にぶつけてしまうのです。

「なに見てんだ！　しっかり仕事しろ！　いつまでも、そのままの仕事をしていていいと思うなよ！」

このように怒鳴りつけ、まったく関係のない従業員にまで当たり散らしていたのです。

従業員からすれば、たまったものではありません。

「社長、また機嫌が悪くなって当たり散らしてるよ……」

こんな悪い噂《うわさ》が、社内では流れていたと言います。

そしてYさんは、「頭ではわかっているのに、なんでいつも怒鳴り散らしてしまうんだろう」

と自分を責め続けていたそうです。

最初は怒っていたはずなのに、最終的には自分のことを責めてしまう。

おかしな話ですよね。でもこれが、失敗人格の連鎖なのです。

Yさんの例で言えば、

小さなミスや失敗でも、すぐに部下を怒鳴りつけてしまう失敗人格

↓

関係のない従業員に怒りをぶつけてしまう失敗人格

↓

頭ではわかっているけれど、怒りを抑えられない自分を責め続けてしまう失敗人格

このように失敗人格が連鎖していたのです。

これが、失敗人格の連鎖の恐ろしい点です。

ここで挙げたエピソードは、Yさんの失敗人格の連鎖のほんの一部で、他にもネガティブな影響を及ぼす連鎖は、いくつもありました。**そのほとんどが無自覚**で、Yさんは自分の失敗人格の連鎖にいつも振り回されていたのです。

ほとんどが無自覚！　失敗人格の連鎖（Yさんの場合）

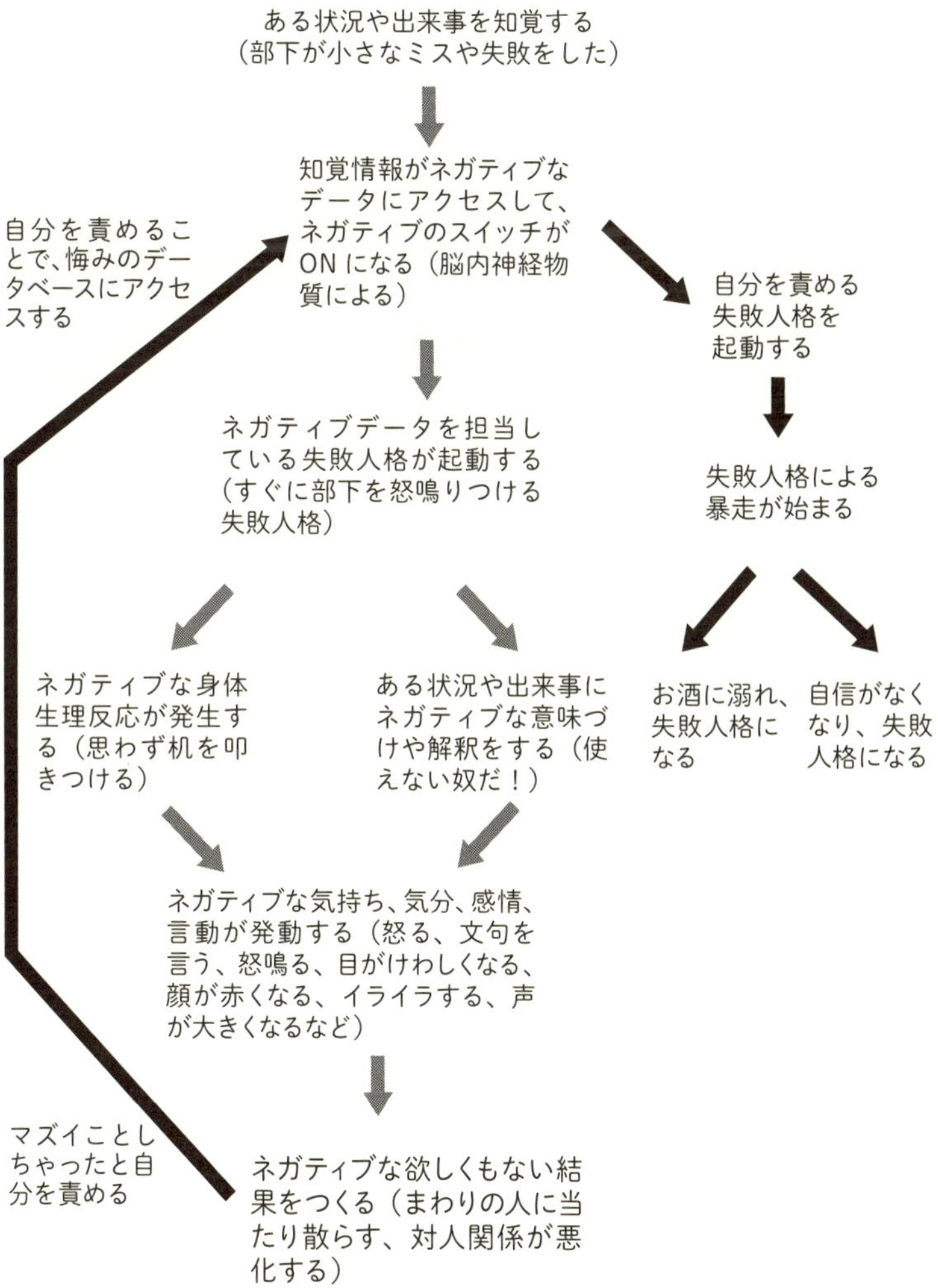
ある状況や出来事を知覚する（部下が小さなミスや失敗をした）
知覚情報がネガティブなデータにアクセスして、ネガティブのスイッチがONになる（脳内神経物質による）
自分を責めることで、悔みのデータベースにアクセスする
自分を責める失敗人格を起動する
失敗人格による暴走が始まる
お酒に溺れ、失敗人格になる
自信がなくなり、失敗人格になる
ネガティブデータを担当している失敗人格が起動する（すぐに部下を怒鳴りつける失敗人格）
ネガティブな身体生理反応が発生する（思わず机を叩きつける）
ある状況や出来事にネガティブな意味づけや解釈をする（使えない奴だ！）
ネガティブな気持ち、気分、感情、言動が発動する（怒る、文句を言う、怒鳴る、目がけわしくなる、顔が赤くなる、イライラする、声が大きくなるなど）
ネガティブな欲しくもない結果をつくる（まわりの人に当たり散らす、対人関係が悪化する）
マズイことしちゃったと自分を責める

そのほとんどが無自覚で、Yさんは自分の失敗人格の連鎖にいつも振り回されていた。

でも、Yさんがこのままずっと気づかず、失敗人格の連鎖という考え方を持たずに毎日を過ごしていたら、どうなっていたでしょうか？

おそらくYさんは、その後も自分の失敗人格に適応することができずに、自分の怒りを抑えることができなかったでしょう。

実際、社内ではYさんに対する悪い噂も流れていたくらいですから、優秀な従業員も離れていったかもしれません。

失敗人格の連鎖とは、それほど恐ろしいものなのです。

このことは、Yさんだけでなく、今この本を読んでいるあなたにも同じことが言えます。

あなたにも、あなただけの失敗人格の連鎖があります。

Yさんと同じように、あなたが気づかないうちに、いつの間にか失敗人格の連鎖を発動させてしまっているのです。

私がコンサルティングやセミナーの現場で、いつも伝えているメッセージがあります。

「失敗人格というのは、それ1つではそんなにネガティブな影響は持たないんです。本当に恐ろしいのは、失敗人格の連鎖が始まってしまったときです。その連鎖を止める方法を知らなければ、自分だけでなく、まわりの人にもネガティブな影響を与えてしまいます。だから、失敗人格の連鎖を止める方法を知ることが、とても重要なポイントなんです」

健常者でも、50〜60個の失敗人格を持っている

では、なぜ私たちはこのように、失敗人格をつくり上げてしまうのでしょうか？

まずここであなたにおさえておいてもらいたいのは、どんな失敗人格であれ、すべての失敗人格は、**「あなたを守るためにつくり上げられたもの」**だということです。

脳科学的には、神経回路（シナプス）の組み合わせが私たちの人格をつくっているということは、すでにお伝えしました。

では、なぜいくつもの神経回路（シナプス）の組み合わせができるのか？

それは、私たちがこれまでの人生の中で、さまざまなことを見聞きし、経験・体験をして、**「学習」**してきたからです。

そして、その学習の中で、失敗した経験や体験を一度もしていない人は、この世にただの一人もいません。

◎親や先生に怒られたことがある

◎友達とケンカをしてしまったことがある
◎テストや試験で思うような成績を残せなかったことがある
◎自分が希望していた学校や学部に行けなかったことがある
◎仕事で上司にこっぴどく怒られたことがある

このように、程度の差こそあれ、失敗した経験や体験は、誰にでもあるものです。

「失敗」という言葉がしっくりこない人は、「思うようにいかなかったとき」と置き換えてもらっても結構です。

このような**失敗体験から自分を守るためにつくられたのが、失敗人格**なのです。

だから、「失敗人格が1つもない」と言う人は、まずいません。

私の経験上、健常者であっても、約50～60個の失敗人格を持っているケースがほとんどです。

自分が痛みを伴った失敗体験から自分を守るために、さまざまな失敗人格をつくり上げてきているのです。

日本人に多い「失敗人格」の典型例

「日本人は自分の意見を主張しない」ということがよく言われますが、これも日本人に多い失敗人格の典型例の1つです。

「会議で発言をすると、何か否定されたり、怒られるんじゃないか……」

このように考える失敗人格が登場して、自分の意見を主張することを控えるのです。

でもこれは、もっとさかのぼって考えてみれば、過去に自分の意見を主張して嫌な思いをしたり、否定された体験があるから、そう考えてしまうのです。

または、特に身近な人がそのような事態に陥ったところを、まざまざと経験しているために、そのように考えてしまうのです。

その苦い体験や経験をしたときに、脳が「自分の意見を主張すると、否定されることがあるから、公の場で発言するのは控えよう」と学習をしてきたのです。

それが結果的に、「自分の意見を主張するのは控えたほうがいい」と思い込む失敗人格になっただけのことです。

でも、先ほども述べたように、その失敗人格の「意図」するところは、すべて自分を守るためです。

このエピソードの例で言えば、「自分の意見を言うことによって、否定されたり、嫌な思いをするといった体験や経験から自分を守る」ということが失敗人格の「意図」です。

自分の失敗人格に気づく秘策

ここで、あなたにぜひ伝えたいメッセージがあります。

それは、**失敗人格を否定せずに、まずは認めてあげてほしい**ということです。

失敗人格はすべて、あなたを守るためにつくり上げてきたものです。本来は自分を守るために行動したり考えたりしているはずなのに、結果的には失敗をしてしまう。

そんな残念な人格が、失敗人格なのです。

だから、まわりの人から自分の失敗人格を指摘されたとしても、「いや、そんなことはない！」と否定するのではなく、まずは「たしかに、そういう失敗人格もいるかもしれないな」と、その失敗人格の存在を認めてあげてください。失敗人格の存在を認めてあげたときに、初めてあなたの失敗人格に気づくことができます。

繰り返しお伝えしているように、**失敗人格の存在に気づかない限りは、その失敗人格に適応することはできません**。失敗人格に適応するためには、まずはあなたの中にいる失敗人格に気づくことが第一歩です。

その第一歩を踏み出すためのキーワードが、「否定せずに、認めてあげる」です。

よく登場する失敗人格がある

誰もが必ず、「よく登場する失敗人格」というものを持っています。

◎仕事でいつも同じミスや失敗をして、上司に怒られる
◎特定の人物と話そうとすると、なんだかいつもより怒ったり叱ったりしてしまう
◎特定の仕事になると、めんどくさいと感じて仕事を放棄する

このように、誰でもよく登場する失敗人格というものを持っています。

よく出てくる失敗人格も、その失敗人格に気づいて適応しない限りは、この現象はいつまで経ってもなくなりません。

だから、その失敗人格すらも、否定せずに認めてあげることが重要なのです。

ちなみに、なぜ**よく出てくる失敗人格**と、**そこまで頻繁に登場しない失敗人格**があるのでしょうか？

脳科学的に考えてみると、**よく出てくる失敗人格の神経回路（シナプス）**は、他の失敗人格

の神経回路（シナプス）と比べて、より太い神経回路（シナプス）が形成されているのではないかと私は考えています。

パフォーマンスを思い通りにコントロールできる「失敗人格適応のステップ」

ここまでお話ししてきた失敗人格について、わかりやすく3つのポイントにまとめてみます。

【ポイント1】 誰でも複数の失敗人格を持っているが、その失敗人格の存在に気づかない限りは、適応することができない。

【ポイント2】 失敗人格は、すべて自分を守るためにつくり上げてきたものである。だから、否定せずに認めてあげることが、失敗人格に気づくための最初の一歩になる。

【ポイント3】 失敗人格は、それ1つではそこまでネガティブな影響はないが、「失敗人格連鎖」が発動すると恐ろしい結果をもたらす。

ここからは具体的に、**「じゃあ、どうやって失敗人格に気づいて適応すればいいの？」**という疑問にお答えしていきたいと思います。

お伝えするテーマは、「失敗人格適応のステップ」です。

これから解説する「失敗人格適応のステップ」に取り組むことで、あなたは自分が持っている失敗人格に気づき、その失敗人格に適応する方法を身につけることができます。

もちろん、完全にあなたの持っている失敗人格がゼロになることはありません。ですが、私のこれまでの経験上、失敗人格適応のステップを踏むことによって、**約80％の失敗人格に対処できます**。

自分には能力がないと思っていたり、自分を責めてばかりいる人も、失敗人格適応のステップにきちんと取り組むことができれば、驚くほどにパフォーマンスは向上します。

想像してみてください。

今のあなたのパフォーマンスを自由にコントロールすることができ、ネガティブな感情や状態に陥ることがなくなったとしたら、どれだけプラスの影響を手に入れることができるでしょうか？

「自分のパフォーマンスをコントロールする術を手に入れる」

これが失敗人格適応のステップがもたらす最も大きな効果です。

業界のトッププレイヤーや一流のスポーツ選手は、自分のパフォーマンスをコントロールする方法を、感覚的にわかっています。だから彼らは、常に高い結果を残すことができるのです。

ぜひあなたもマスターして、パフォーマンス向上に役立ててください。

公開！「失敗人格」適応メソッドの全貌——5つのステップ&10のワーク

では、「失敗人格適応のステップ」の全体像を見ていきましょう。

ステップ1　自分の中の失敗人格を自覚する
ワーク1　失敗人格の書き出しをする
ステップ2　失敗人格の連鎖を発見する
ワーク2　失敗人格の連鎖マップを書き出す
ワーク3　強烈な連鎖ルートを特定する
ステップ3　トリガー人格を特定する
ワーク4　引き金となる失敗人格（トリガー人格）を特定する
ステップ4　トリガー人格のパターンを自覚する
ワーク5　トリガー人格の気持ちや感情を自覚する
ワーク6　トリガー人格の行動や動作などの現象を自覚する

ワーク7　トリガー人格が引き起こしてしまうネガティブな結果を自覚する
ワーク8　トリガー人格が持っている信念や価値観を自覚する
ワーク9　トリガー人格が持っている前提を自覚する
ステップ5　トリガー人格のスイッチを自覚する
ワーク10　トリガー人格を発動させるスイッチを自覚する

このように、失敗人格適応のステップは、**合計5つのステップ**から成り立っています。ステップごとにはワークがあり、**すべてのワークを合わせると、全部で10個**になります。

ただ、この失敗人格適応のステップも、成功人格確立のステップと同じで、本書でこのステップすべてをお伝えすることはできません。文章だけでこれらのステップすべてを伝えると、間違った受け取り方をしてしまう可能性があるからです。

でも、安心してください。

第3章でお伝えした成功人格確立のステップと同じように、この章でも本書用に新たに体系化した「失敗人格適応のステップ」をあなたにお伝えしていきます。

この新たに体系化した失敗人格適応のステップに取り組むことで、あなたは十分に「自分のパフォーマンスをコントロールする術」を手に入れることができます。

「失敗人格適応のステップ」の全体像

ステップ5
トリガー人格のスイッチを自覚する

ワーク10　トリガー人格を発動させるスイッチを自覚する

ステップ4
トリガー人格のパターンを自覚する

ワーク5　トリガー人格の気持ちや感情を自覚する
ワーク6　トリガー人格の行動や動作などの現象を自覚する
ワーク7　トリガー人格が引き起こしてしまうネガティブな結果を自覚する
ワーク8　トリガー人格が持っている信念や価値観を自覚する
ワーク9　トリガー人格が持っている前提を自覚する

ステップ3
トリガー人格を特定する

ワーク4　引き金となる失敗人格（トリガー人格）を特定する

ステップ2
失敗人格の連鎖を発見する

ワーク2　失敗人格の連鎖マップを書き出す
ワーク3　強烈な連鎖ルートを特定する

ステップ1
自分の中の失敗人格を自覚する

ワーク1　失敗人格の書き出しをする

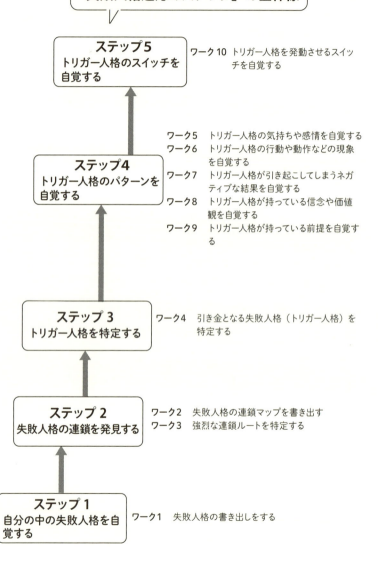

圧倒的な効果！

「失敗人格適応のステップ――書籍バージョン」を実践する

では、本書用に体系化した「失敗人格適応のステップ――書籍バージョン」の全体像をお伝えします。

ステップ1　自分の中の失敗人格を自覚する
ワーク1　失敗人格の書き出しをする
ステップ2　失敗人格の連鎖を発見する
ワーク2　失敗人格の連鎖マップを書き出す
ワーク3　強烈な連鎖ルートを特定する
ステップ3　トリガー人格に適応する
ワーク4　トリガー人格のスイッチを自覚する

この失敗人格適応のステップに取り組むだけでも、**あなたが持っている失敗人格の約60～70**

％に対処することができます。

「失敗人格適応」のステップ＆ワークの狙いと効用

詳しい方法は、この後お伝えしますが、それぞれのステップとワークの概要と狙い、効用をお伝えしておきます。

「ステップ1　自分の中の失敗人格を自覚する」では、あなたの中にどれくらいの失敗人格が眠り、ひそんでいるのかを自覚していきます。

先ほども述べたように、私の経験上、健常者でも平均して約50～60個の失敗人格を持っています。

「本当に、そんなにたくさんの失敗人格を書き出せるの？」と不安に思う人もいるかもしれません。

でも、安心してください。この後お伝えする方法できちんと取り組んでもらえれば、間違いなくあなたの中に眠り、ひそんでいる失敗人格は明らかになります。

そして、だいたいの人がこのステップを終えた後に、「こんなに自分の中にたくさんの失敗

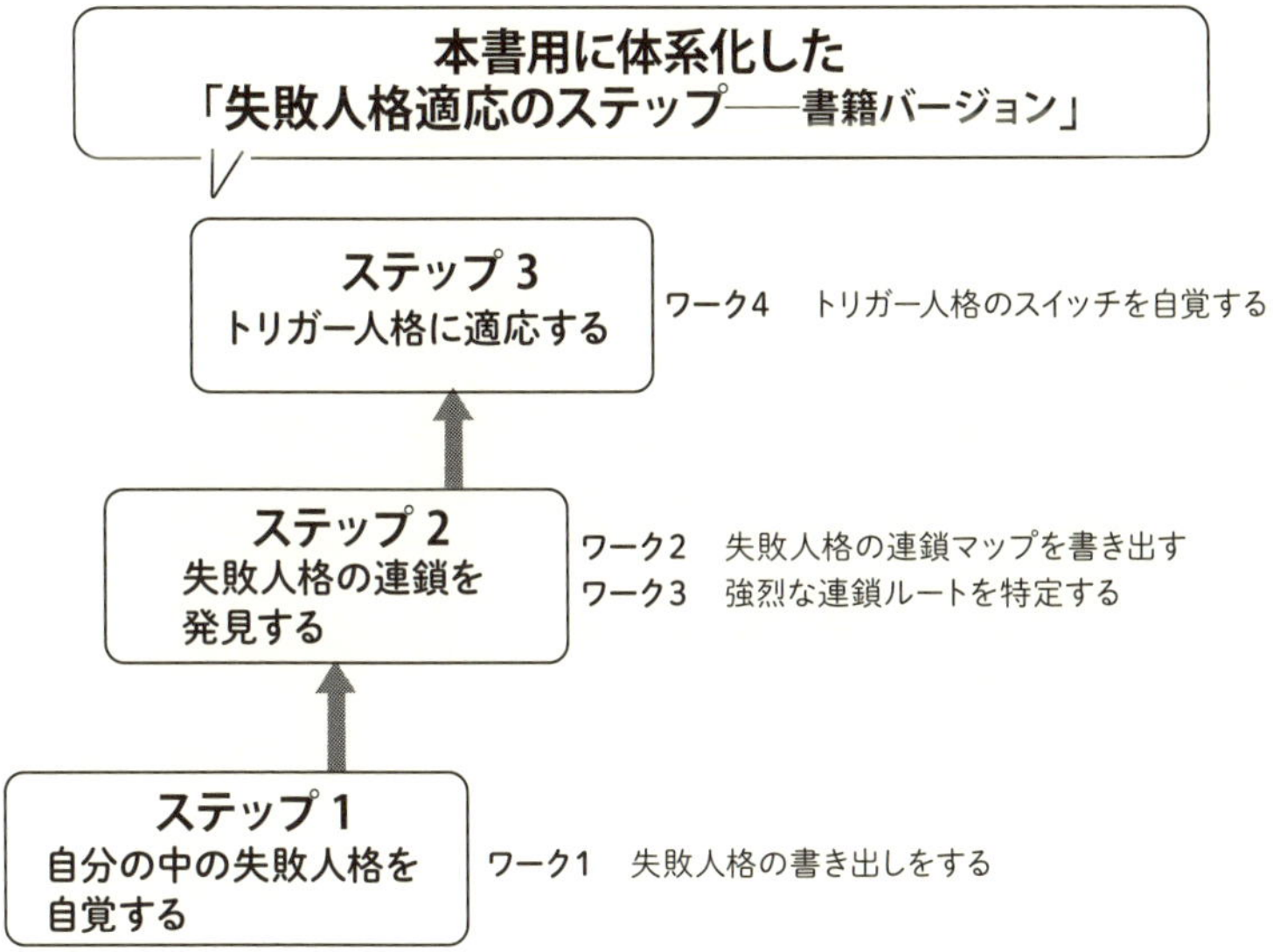

人格がいたんだ！」という驚きと大きな気づきを得ることになると思います。

　このステップで、どれだけ自分の中の失敗人格に気づくことができるかが、この後のステップにも大きく影響します。

　なぜなら、このステップで気づかない失敗人格については、この後のステップに取り組んでも、対処することはできないからです。

　ぜひ、落ちついた環境で集中して取り組んでいきましょう。

「ステップ2　失敗人格の連鎖を発見する」では、ステップ1で書き出した失敗人格の連鎖を明らかにしていきます。

　失敗人格で恐ろしいのは、この「連鎖」

です。

失敗人格の1つひとつはそれほど大した影響を持たないのですが、連鎖となると、話は別です。今、あなたが深刻に抱えている悩みや問題があったとしたら、それは失敗人格の連鎖によりもたらされた結果である可能性が非常に高いです。

このステップ2では、そんなあなたの失敗人格の連鎖を明らかにして、その中でも特に強烈な連鎖ルートを特定していきます。

失敗人格の連鎖の中にも、いくつかのグループがあります。

よく登場する失敗人格の連鎖ルートもあれば、そんなに頻繁には登場しない失敗人格の連鎖ルートもあります。

ポイントは、よく登場する失敗人格の連鎖ルートを特定すること。そのルートが特定できれば、失敗人格の連鎖から脱出することも可能になります。

「ステップ3　トリガー人格に適応する」では、あなたにとって一番やっかいな（ネガティブな影響をもたらす）、失敗人格を特定して、その失敗人格に適応するための方法を身につけていきます。

「トリガー人格」とは、すべての失敗人格の連鎖の引き金（トリガー）となる失敗人格のことです。

このトリガー人格が発動すると、失敗人格の連鎖が始まってしまい、とても大きなネガティブな影響をあなたにもたらします。

逆に、このトリガー人格に気づき、トリガー人格が登場した時点で失敗人格から脱出することができれば、あなたが失敗人格の連鎖を引き起こすことはありません。

ステップ3でこのトリガー人格を特定することができれば、失敗人格がもたらす影響を、約60〜70％減少させることができます。

ぜひ、この3つのステップに取り組みながら、あなたの失敗人格に上手に適応していきましょう。

ひそんでいる「失敗人格」をあぶりだす

――【ステップ1】自分の中の失敗人格を自覚する

最初のステップでは、あなたの中に存在する失敗人格を自覚することがとても重要なポイントです。

成功人格確立のステップでもそうでしたが、ステップ1にしっかりと取り組めるかどうかが、ステップ2以降にも大きく影響していきます。

このステップは、おそらくこれまでに取り組んだことがないような形で、あなたが自分自身と向き合う貴重な機会になると思います。少なくとも1時間くらいは、落ちついて集中できる時間を確保してから、この後のワークにも臨みましょう。

ワーク 1 失敗人格の書き出しをする

◎実践ステップ1……ペンとポストイットを用意する

まず、ペンとポストイットを用意してください。

ポストイットのサイズは、**横75㎜×縦25㎜のものがベスト**です。

インターネットで「ポストイット　75㎜×25㎜」と検索すると、同じサイズのものが出てきます。書店や文具店でも購入できますので、好きな色のポストイットを3束くらい用意しておきましょう。

これで準備は完了です。

3つのカテゴリーでチェック！
「失敗人格チェックリスト」

■個人にかかわること

□お金について（お金の使い方について）
□住まいについて
□異性との付き合い方について
□行動について
□言動について
□表情について
□姿勢について
□態度について
□話し方について
□リレーションについて（相手との関係の持ち方）
□習慣について
□健康について
　・精神
　・感情
　・肉体
　・体重
□食べ物について
□生活態度について
□感情の表し方について
　・恐れ
　・不安
　・怒り
　・悲しみ
　・うらみなど
□新しいことへの取り組み方について
□自分に対する対応の仕方について

■家庭にかかわること

□家族との関係性について
　・父、母
　・夫、妻
　・子供
　・姉、兄
　・妹、弟
　・親戚
□時間について
　・家族との時間について
□子供について
　・子供の教育について

■会社、社会にかかわること

□仕事、職種について
□上司について
□部下について
□同僚について
□お客様について
□対人関係について
□収入（年収）について
□地位、昇進、昇格について

◎実践ステップ2……「失敗人格チェックリスト」を確認する

前ページの「失敗人格チェックリスト」をご覧ください。

これは、私のこれまでの体験をもとに体系化した「失敗人格チェックリスト」です。

この失敗人格チェックリストは、私がこれまでにお会いしてきた方々やセミナー受講生などによく見られる失敗人格の項目をまとめたものです。

仕事だけでなく、普段の生活も含めて、失敗人格の項目がチェックできるよう、リストアップしています。

たとえば、左上にある「お金について」という項目。

「なんだか仕事でストレスが溜まってくると、ムダに散財しちゃうんだよなぁ」

「昔から金遣いが荒くて、浪費癖があるんだよなぁ」

こんなふうに、お金についての失敗人格や、うまくいかないパターンやモードに思い当たる人は、丸をつけていきましょう。

失敗人格がありそう〝かも〟というくらいの感覚でかまいません。

それぞれの項目を見て、

「この項目については、よくミスや失敗をするなぁ」

「この項目については、失敗人格やうまくいかないモードがあるかもしれない」

「この項目は、まわりの人たちからもよく注意されることがあるなぁ」

このようなことを感じるのであれば、まずは丸をつけてみましょう。

ここで丸をつけておくことで、この後のステップにも効果的に取り組むことができます。

◎実践ステップ3……失敗人格を書き出す

ではいよいよ、あなたの失敗人格を書き出していきましょう。

まず手元に、**ペンとポストイット、それから失敗人格チェックリストを用意**してください。

そして、その場で、軽く深呼吸「スーハー、スーハー」。

さて、気持ちが落ちついた状態で、自分にこう問いかけてみてください。

「もし私の中に失敗人格があるとすれば、どのような失敗人格があるのだろうか？」

「私にとってうまくいかないモードやパターンがあるとすれば、どのようなモードやパターンがあるのだろうか？」

「まわりからよく指摘されるミスや失敗は、どのようなことだろうか？」

このように問いかけ、出てきた言葉やキーワードを、ポストイットに書き出します。

失敗人格を書き出す作業は、これだけです。すごく簡単ですよね？

失敗人格を書き出すときの4つのルール

ただし、ここでいくつかのルールがあります。

お伝えするルールに沿って失敗人格の書き出しをすることで、ステップ2以降で、より失敗人格適応の効果が高まります。

さっそく見ていきましょう。

◎ルール1……ポストイット1枚につき、書き出す失敗人格は1つだけ

ポストイット1枚につき、書き出す失敗人格は1つだけとします。1枚のポストイットに、いくつもの失敗人格を書かないようにしてください。

この後の失敗人格の連鎖に取り組むときに重要なルールになりますので、「ポストイット1枚につき1つの失敗人格」を忘れずに。

◎ルール2……語尾は必ず「失敗人格」とする

ポストイットに失敗人格の書き出しをする際、語尾は必ず「失敗人格」としましょう。

具体的には、「○○という失敗人格」や「○○の失敗人格」というように、必ず語尾が「失敗人格」で終わるようにしてください。

語尾を失敗人格とすることで、あなたの脳の中に「これは私の失敗人格なんだ！」と自覚させることを狙っています。

失敗人格は自覚しない限り、その存在に対応することができない。この章で何度もお伝えしてきた原則ですよね。

◎ルール3……できるだけネガティブ度合いの高い、生々しい失敗人格のネーミングをする

ルールの3つ目が、4つのルールの中でも最も重要なものになります。

失敗人格を書き出すときは、書いている最中に思わず、「自分の中にはこんな失敗人格があったんだ。嫌だなぁ」とあなたが実感するくらいの生々しいネーミングをつけてください。

この「生々しさ」が、失敗人格適応の効果を高めるとても重要なポイントです。

たとえば、同じような失敗人格を書き出すにしても、

「人前で発言することを控える失敗人格」

と書き出すのと、

「自分の能力が否定されることを怖がって、目上の人にこびへつらって良い子ちゃんでいようとする失敗人格」

と書き出すのとでは、どちらが、生々しさがあるでしょうか？

おそらく、後者のほうが生々しさという意味で強烈だと思います。この生々しさがとても重要なのです。

失敗人格を書き出すだけのワークには、ほとんど意味がありません。

書き出している最中に、**思わずあなたの胸が苦しくなるような、自分の嫌な側面を見て、ネガティブな感情を強烈に実感するような、そのくらいの感覚のネーミング**がつけられれば非常にうまくいっている証拠です。

その失敗人格のネーミングを見ただけで、実際の仕事や生活でのシーンが思い浮かび、とても強烈なネガティブな感情を抱いてしまう。このくらいのネーミングだったならばベストです。

失敗人格を自覚する効果を高めるための取り組みの1つなので、ぜひ意識して取り組んでみましょう。

◎ルール4……失敗人格が思い浮かばなくなってきたときは、「失敗人格チェックリスト」を

参照する

最後のルールは、先の「実践ステップ2」で活用した、失敗人格チェックリストの活用方法です。

このチェックリストは、あなたが失敗人格を書き出している最中に、なかなか失敗人格が思い浮かばなくなったときに参照するツールとして活用しましょう。チェックリストを参照すれば、そこから新たな失敗人格を探ることができます。

以上です。

時間はひとまず、1時間を目安とします。

思い浮かばなくなるまで、あなたの中に存在する失敗人格を書き出してみましょう。

また、今までのルールをまとめた事例を載せておきますので、参考にしてみてくださいね。

それでは、書き出していきましょう。

失敗人格脱出の魔法のアクション「ジャンプ、ジャンプ、横」

失敗人格の書き出しは、いかがでしたか？

この後も続けて「ステップ2」に取り組んでいきたいのですが、その前に1つお伝えしておきたいことがあります。

「ステップ1」で真剣に失敗人格の書き出しをした人は、おそらくこの時点でかなりネガティブな状態に陥っていると思います。

それもそのはず。**失敗人格の書き出しは、ネガティブな自分と向き合うワーク**でもあります。自分のネガティブな側面と向き合うために、ワークに取り組んでいる本人も、失敗人格を書いているうちにネガティブな状態に陥りやすいのです。

実際のセミナーでも、失敗人格書き出しのワークをした後は、受講生のほとんどが失敗人格の状態になっています。

だからここで、あなたに「失敗人格から脱出する方法」を実践してもらい、ネガティブな状態から抜け出したうえで、「ステップ2」に進んでもらいたいと思います。

キーワードは、**「ジャンプ、ジャンプ、横」**です。

さっそく、一緒に取り組んでいきましょう。

まず、今あなたが椅子に座っているのであれば、椅子を引いて立ち上がってください。そして、その**立ち上がったままの状態で、2回軽くジャンプ**をしてください。

はい！「ジャンプ、ジャンプ！」

「失敗人格」の書き出し例

◎過去のパターンにしがみつく失敗人格
◎人に嫌われることを恐怖と感じる失敗人格
◎間違った自惚れをしてしまう失敗人格
◎ごまかしをしてしまう失敗人格
◎合理化して言い訳をする失敗人格
◎すぐに調子に乗って馴れ馴れしくなる失敗人格
◎他人からのフィードバックを素直に受け入れず、「でも……」、「だって……」と言い訳をして自分を守ろうとする失敗人格
◎目上の人にこびへつらい、ミスや失敗を恐れる失敗人格
◎自分がミスをしてしまったときに、「どうしよう……」とうろたえ、思考が停止し、その次の行動を取ろうとしなくなる失敗人格
◎相手が何も言えなくなるまで叱り続けて、人格否定をする失敗人格
◎パートナーの言動にいらだち、めんどくさくなって無視してしまう失敗人格

●ルール1：ポストイット1枚につき、書き出す失敗人格は1つだけ
●ルール2：語尾は必ず「失敗人格」とする
●ルール3：できるだけネガティブ度合いの高い、生々しい失敗人格のネーミングをする
●ルール4：失敗人格が思い浮かばなくなってきたときは、「失敗人格チェックリスト」を参照する
●時間の目安は、1時間
●思い浮かばなくなるまで、あなたの中に存在する失敗人格を書き出してみよう！

2回ジャンプをしましたね？

次に、**ジャンプが終わったら、右でも左でもかまいませんので、そのまま1歩横にズレてください。**

そして、1歩横にズレた状態で、あなたの成功人格の心身状態（ステート）を思い出して、その状態を再現してみてください。

いかがですか？

失敗人格の書き出しをしていたときと今のあなたとでは、気持ちや感情、身体の状態などに大きな違いがあるのではないでしょうか？

もしあなたが失敗人格のワークに取り組んでいるときとの違いを感じているのなら、それは成功です。

これが、誰でもすぐにできる失敗人格の脱出法、「ジャンプ、ジャンプ、横」です。

この「ジャンプ、ジャンプ、横」のワークをすると、失敗人格の状態から簡単に脱出することができます。

「ジャンプ、ジャンプ、横」で、失敗人格を脱出できるメカニズム

なぜ、「ジャンプ、ジャンプ、横」のアクションをするだけで、失敗人格の状態から簡単に脱出することができるのでしょうか？

思い出してもらいたいのは、**「脳の働きと身体の状態は密接に関連している」という原則**です。この原則を活用した脱出法が、「ジャンプ、ジャンプ、ジャンプ、横」なのです。

たとえば、失敗人格の書き出しをしている最中は、いつの間にか身体はうつむき加減になり、筋肉もこわばっています。どこか表情も暗くなっているでしょう。

つまり、「失敗人格に陥りやすい身体の状態」になっているのです。

でも、「ジャンプ、ジャンプ、横」をすることで、その失敗人格に陥りやすい身体の状態から脱出できる効果があります。

まず、**立ち上がってジャンプを2回することで、失敗人格に陥りやすくなっていた身体の状態をリセット**します。

さらに、**その場から1歩横にズレることで、「ここは、私が失敗人格になった場所なんだ！」という脳が無自覚で抱いている体験（専門用語で、「アンカリング効果」と言います）を解く効果**があります。

これが、「ジャンプ、ジャンプ、横」で失敗人格から脱出できるメカニズムです。

ここまで読んで、まだ「ジャンプ、ジャンプ、横」に取り組んでいないあなたは、ぜひこの場で「ジャンプ、ジャンプ、横」をしてみましょう。きっと、身体の状態の変化が感じ取れるはずです。

また、この「ジャンプ、ジャンプ、横」は、失敗人格書き出しのワーク以外にもとても効果的です。

たとえば、仕事や普段の生活で失敗人格に陥ってしまったとき、また、何かしらのキッカケであなたが失敗人格に陥ってしまったときは、「ジャンプ、ジャンプ、横」をすることでその失敗人格から脱出しやすくなります。

その後で、あなたの成功人格の心身状態（ステート）を再現すれば、成功人格の状態にすぐに戻すことができます。

ぜひ、仕事や普段の生活でも「ジャンプ、ジャンプ、横」に取り組んでみましょう。

「失敗人格」の連鎖を自覚する――【ステップ2】失敗人格の連鎖を発見する

さてここからは、失敗人格適応のステップに戻ります。

ステップ1では、あなたの中に存在する失敗人格を自覚してもらうために、失敗人格の書き出しをしてもらいました。

あなたは、自分の中に眠り、ひそんでいる失敗人格の存在に、しっかりと気づけたでしょうか？

ここからは、あなたがステップ1にすでに取り組んでいるという前提で進めていきます。**ステップーを終えていない人は取り組むことができません**ので、その場合はまずステップ1から取り組んでみてくださいね。

ステップ2では、あなたが書き出した失敗人格の連鎖を明らかにしていきます。

失敗人格は連鎖するという考え方はお伝えしてあります。

失敗人格1つひとつはそれほど恐ろしいものではありません。**本当に恐ろしいのは、失敗人格の連鎖が発動したとき**。そのときは、本当に恐ろしいネガティブな影響をまわりにもたらします。

では、その失敗人格の連鎖を起こさないためには、どうすればいいのでしょうか？

最も効果的な方法は、「失敗人格の連鎖を自覚すること」です。

失敗人格の連鎖は、その存在を自覚していないために発動することがほとんどです。失敗人格の連鎖を自覚していないがために、多くの人は失敗人格の連鎖に振り回されてしまうのです。

176ページでお伝えした、冠婚葬祭業を営んでいるYさんの事例を思い出してください。

一般的には成功しているとされる経営者であっても、普段の生活では失敗人格の連鎖の存在に気づいていないのです。

でも逆に、自分の失敗人格の連鎖の存在に気づくことができれば、その失敗人格の連鎖が始まった時点で、すぐに「ジャンプ、ジャンプ、横」をして失敗人格から脱出することができます。

それができれば、失敗人格の連鎖でネガティブな影響を受けることはありません。ぜひあなたもこのステップ2を実践して、自分が持っている失敗人格の連鎖を発見していきましょう。

ワーク2 失敗人格の連鎖マップを書き出す

◎実践ステップ1……模造紙とマジックペンを用意する

ステップ1で書き出した失敗人格を使いながら、失敗人格の連鎖マップを書き出していきます。

まず、あなたに用意してもらいたいものがいくつかあります。

1つ目は、**失敗人格の連鎖マップを書き出す模造紙**。実際のセミナーで使っている模造紙の**大きさは縦1085×横788㎜**なので、それ以上の大きさであれば問題ありません。

「模造紙　縦1085×横788㎜」とインターネットで検索すると、いくつかの種類が出てきますので、その中で気に入ったものを選んでください。

続けて、**マジックペン**です。

これは、油性でも水性でもかまいませんし、色もあなたが好きな色でかまいません。鉛筆で模造紙に書くと薄くて見にくいので、見やすい線を書くためのマジックペンです。この2つが用意できたら、いよいよ失敗人格の連鎖マップを明らかにしていきましょう。

◎実践ステップ2……最も強烈な失敗人格を模造紙に貼る

次に、ステップ1で書き出した失敗人格のポストイットを手元に用意してください。

人によって書き出した失敗人格の枚数は違うでしょうが、ここであなたに質問です。

「書き出した失敗人格のうち、最も強烈にネガティブに感じる失敗人格はどれでしょうか？」

この質問を自分に投げかけて、ネガティブな度合いが強烈な失敗人格を特定してください。

後で考え直すこともできるので、この段階では、まずは直観でかまいません。「これが一番強烈な失敗人格かもしれないなぁ」と感じる失敗人格を特定してみましょう。

一番強烈な失敗人格を特定できたら、今度はその失敗人格を模造紙の真ん中に貼ります。

ます。

◎実践ステップ3……カテゴリーごとに分けて、失敗人格を模造紙に貼る

一番強烈な失敗人格が特定できたら、後は残りの失敗人格も同じように模造紙に貼っていきます。

ただし、失敗人格を書き出したポストイットをやみくもに貼るだけでなく、いくつかの重要なルールがあります。

まず、ポストイットとポストイットの間隔は、マジックペンで線を引けるくらいの間を空けておいてください。厳密に計測する必要はありませんが、**8㎝～10㎝の間隔**は空けておいたほうが、この後の実践ステップも取り組みやすくなります。

次に、**同じカテゴリーだと思う失敗人格については、関連性を持たせるために近くの場所に貼っておきましょう**。

たとえば、「これは部下の指導をするときによく出てくる失敗人格のカテゴリーだなぁ」「これは、お客様との商談時によく出てくる失敗人格だなぁ」といったように、同じようなカテゴリーだと思われる失敗人格は、できるだけ1つの場所にまとめておきましょう。

この2つのルールを守って、書き出したすべての失敗人格のポストイットを模造紙に貼りつけていきましょう。失敗人格の数が多くて、模造紙が1枚では足りないという人は、2枚重ねてもかまいませんので、すべての失敗人格を貼りつけてみてくださいね。

◎実践ステップ4……連鎖を考えて、マジックペンで線を引く

ここまでの実践ステップで、あなたが書き出したすべての失敗人格は、目の前の模造紙に貼りつけられたことになります。

次はいよいよ、失敗人格の連鎖を明らかにしていきましょう。この失敗人格の連鎖を明らかにするのも、決して難しくはありません。

まず、マジックペンを用意してください。

そして、あなたが書き出した失敗人格の中で、**「これは普段からよく出ている失敗人格だなぁ」というものを、1つ特定**しましょう。これも、正解不正解などはないので、直観でかまいません。

よく出てくる失敗人格を特定しましたね？

では、その失敗人格を眺めながら、**次のような質問を自分自身に問いかけてみてください。**

「この失敗人格が登場した後に、よく出てくる失敗人格があるとすれば、どのような失敗人格

ろうか?」

「この失敗人格とよく一緒になって出てくる失敗人格があるとすれば、どのような失敗人格だろうか?」

このような質問を自分に問いかけて、よく出てくる失敗人格の後に出てくる失敗人格を特定してみましょう。

仕事や普段の生活でも、その失敗人格が実際に出ているシーンを想像しながら考えると、失敗人格の連鎖は考えやすくなります。

たとえば、部下を怒鳴りつけてしまう失敗人格を持っている人であれば、「部下によく怒鳴りつけてしまう失敗人格の後には、どのような失敗人格が出てくるだろうか?」

このように実際に想像しながら考えると、失敗人格の連鎖は見つけやすいと思います。

こうして考えていきながら、**すべての失敗人格を線で結んでいきましょう**。真剣に失敗人格の連鎖を考えながら取り組むと、不思議と孤立している失敗人格はなくなるものです。すべての失敗人格が必ず線でつながるよう、取り組んでいきましょう。

「失敗人格の連鎖」を線で引くときのルール

この実践ステップに取り組む際、いくつか重要なルールがあります。ルールを参考にしながら、取り組んでくださいね。

◎ルール1……失敗人格は、一方通行の「←」、もしくは行ったり来たりする「⇔」で結ぶ

一方通行の「←」は、失敗人格Aから失敗人格B、失敗人格Bから失敗人格Cへというように、失敗人格の一方通行の連鎖を意味します。

一方、行ったり来たりする「⇔」の場合には、失敗人格Aと失敗人格Bは、一方通行の関係ではなく、その場の状況やタイミングによって、行ったり来たりする可能性があることを意味します。

もし、「この失敗人格Aと失敗人格Bは、その場の状況によって行ったり来たりすることがあるよなぁ」と感じるのであれば、マジックペンで「⇔」を引いてみましょう。

連鎖の順番がいつも決まっているのであれば、一方通行を意味する「←」でかまいません。

◎ルール2……連鎖の行き先が複数ある失敗人格の場合には、複数のルートを書き出す

失敗人格の中には、連鎖の行き先が1つではなく、複数考えられるというものもあります。「失敗人格Aは、失敗人格Bにも結びつくけど、一方で失敗人格Cにも結びつきそうだ。もしかしたら、失敗人格Dにも連鎖するかもしれないぞ」

こんな具合に、行き先が複数ある失敗人格もあって当然です。

その場合は、**行き先を1つに絞るのではなく、すべての失敗人格の行き先をマジックペンで結びましょう**。この例で言えば、失敗人格B、失敗人格C、失敗人格Dのすべてと失敗人格Aを結びつけることになります。

ワーク3 強烈な連鎖ルートを特定する

◎実践ステップ1……強烈な失敗人格の連鎖を発見する

ここまでくれば、失敗人格の連鎖マップを自覚するワークも大詰めです。

今あなたの目の前には、すべてのポストイットが線で結びつけられた模造紙があると思います。次は、この模造紙に書き出された連鎖マップの中から、特に強烈な連鎖ルート（グループ）を発見していきます。

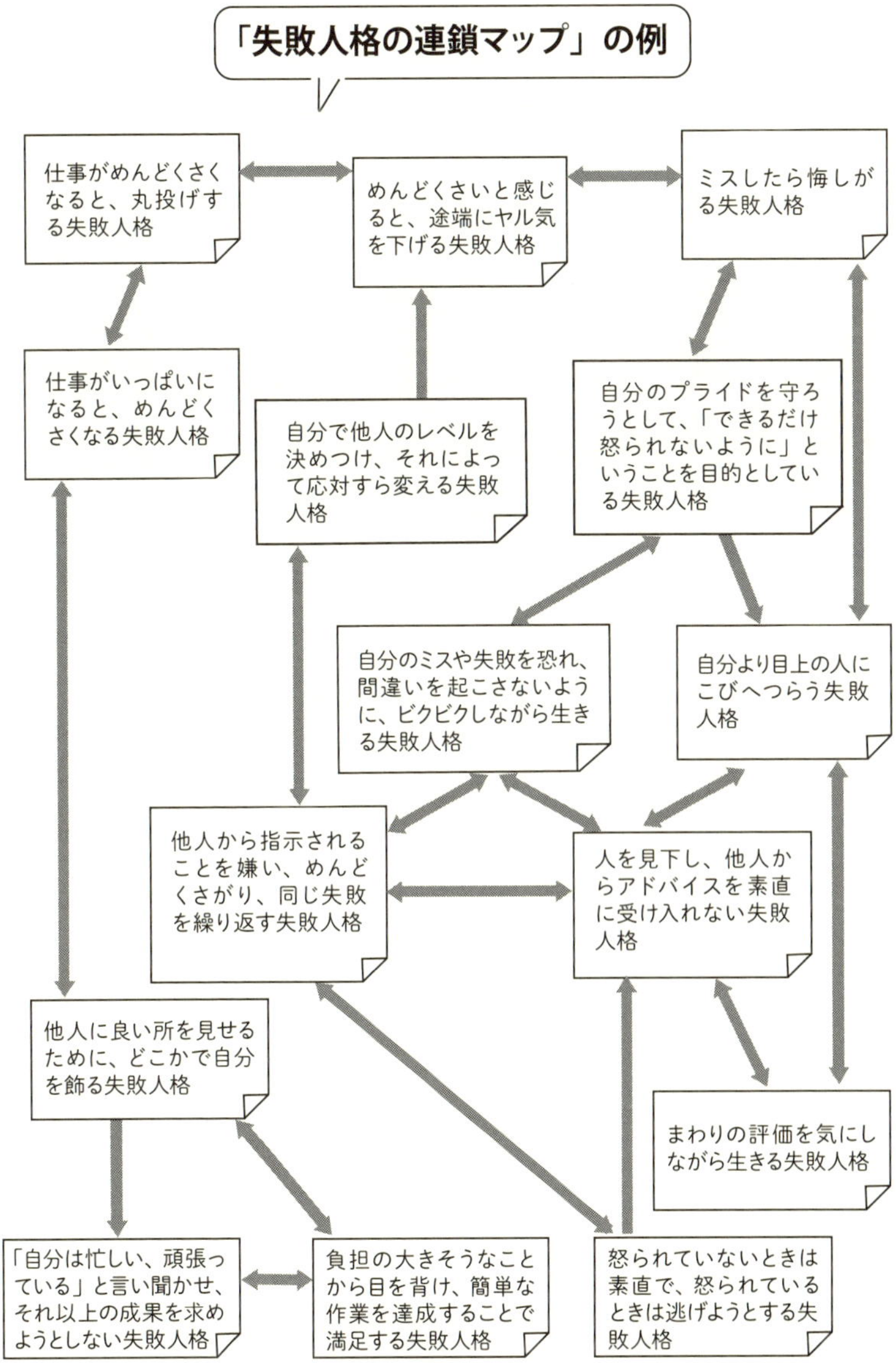

失敗人格を書き出したポストイットを模造紙の上に貼って、失敗人格を線で結んでいくと、その関係性や連鎖が見えてくる。

具体的には、

「この連鎖ルートが発動すると、かなりネガティブな結果を引き起こすなぁ」

「この連鎖ルートは、私にとってはとてもネガティブな影響が強い」

「この失敗人格が登場すると、自分にもまわりにもとても強いマイナスの影響をもたらすなぁ」


このように感じる**連鎖ルートを発見**してください。

ネガティブな度合いが強烈な失敗人格ルートを特定するのが、このワークの最大の目的です。

もちろん、どれもネガティブ度合いの大きい連鎖ルートだと思うのですが、その中でも特に強烈な連鎖ルートを特定していきましょう。

特に決まりはありませんが、目安としては1〜3本の強烈な連鎖ルートを特定しておくと、この後のワークにも取り組みやすくなります。

◎実践ステップ2……強烈な連鎖ルートをマジックペンで太く塗っておく

強烈な連鎖ルートが特定できたら、その**強烈な連鎖ルートをより自覚するために、マジック**

ペンで太く塗っておきましょう。

この作業をしておくことで、自分の脳に「この連鎖ルートは、私にとって強烈にネガティブな結果をもたらす失敗人格なんだ！」と意識づけることができます。

さらに、**強烈な連鎖ルートにはグループ名をつけてみてください**。

たとえば、「相手をすぐに攻撃する失敗人格グループ」「すぐに落ち込んで自分を責める失敗人格グループ」などです。

失敗人格のグループ名をつけることで、より強烈に自覚することができます。

ここまでが、「ステップ2　失敗人格の連鎖を発見する」の取り組みになります。

いかがでしたか？

自分の失敗人格の連鎖を発見してみて、新たな気づきが得られた人もたくさんいたのではないでしょうか？

大切なのは、失敗人格に陥らないようにするのではなく、**失敗人格に陥っても、すぐに脱出できるよう準備をしておく**こと。

まずは、自分の失敗人格の連鎖を自覚して、その連鎖に陥ったら、すぐに気づけるようにすること。

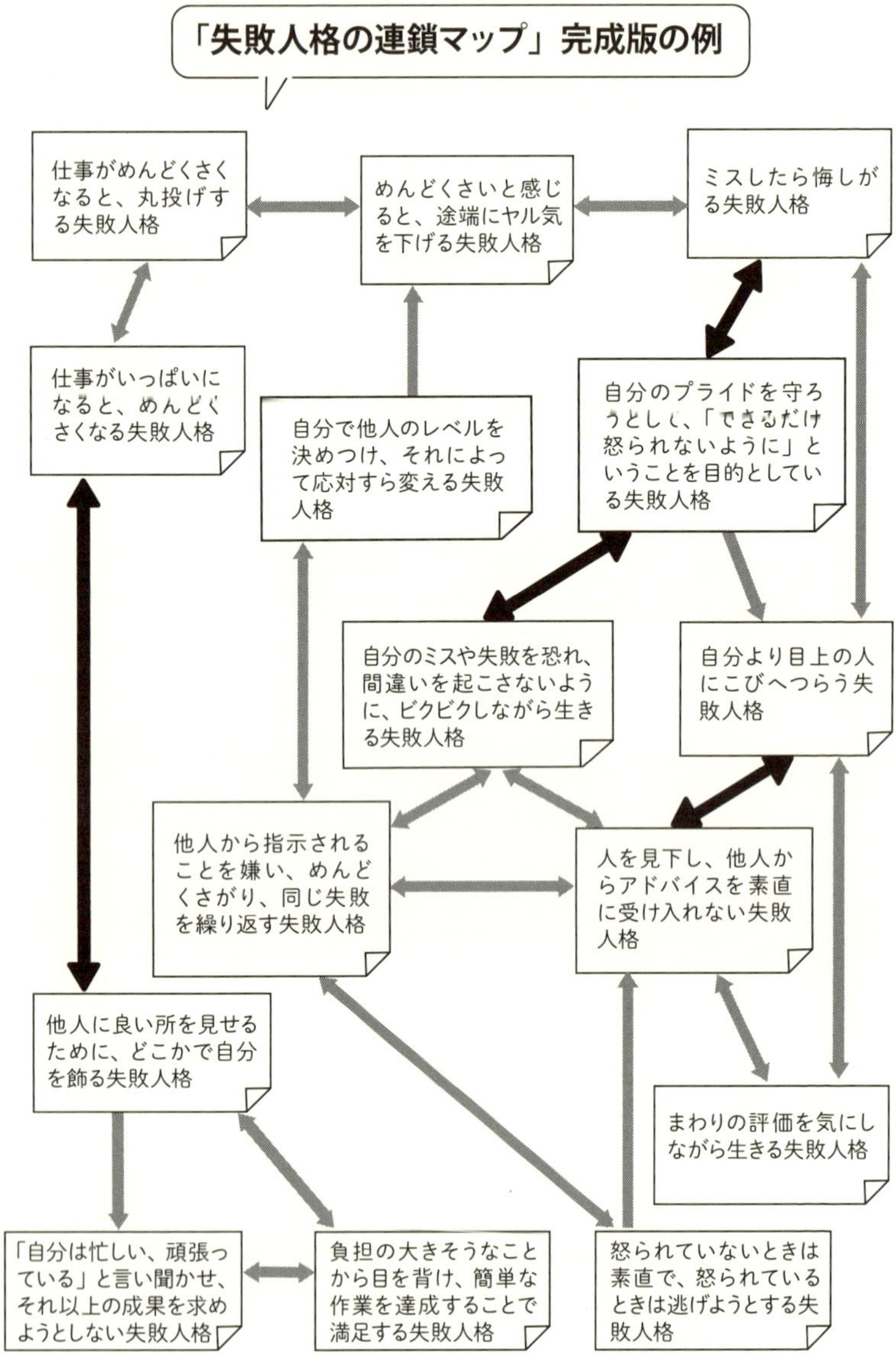
「失敗人格の連鎖マップ」完成版の例
仕事がめんどくさくなると、丸投げする失敗人格
めんどくさいと感じると、途端にヤル気を下げる失敗人格
ミスしたら悔しがる失敗人格
仕事がいっぱいになると、めんどくさくなる失敗人格
自分で他人のレベルを決めつけ、それによって応対すら変える失敗人格
自分のプライドを守ろうとして、「できるだけ怒られないように」ということを目的としている失敗人格
自分のミスや失敗を恐れ、間違いを起こさないように、ビクビクしながら生きる失敗人格
自分より目上の人にこびへつらう失敗人格
他人から指示されることを嫌い、めんどくさがり、同じ失敗を繰り返す失敗人格
人を見下し、他人からアドバイスを素直に受け入れない失敗人格
他人に良い所を見せるために、どこかで自分を飾る失敗人格
まわりの評価を気にしながら生きる失敗人格
「自分は忙しい、頑張っている」と言い聞かせ、それ以上の成果を求めようとしない失敗人格
負担の大きそうなことから目を背け、簡単な作業を達成することで満足する失敗人格
怒られていないときは素直で、怒られているときは逃げようとする失敗人格

そして、失敗人格の連鎖に陥っていると気づいたら、先ほど紹介した「ジャンプ、ジャンプ、横」をした後に、あなたの成功人格の心身状態（ステート）を再現してみましょう。

すると、すぐに失敗人格の状態から抜け出すことができ、パフォーマンスの高い状態で毎日を過ごすことができます。

失敗人格を特定して、対処する――【ステップ3】トリガー人格に適応する

「失敗人格適応のステップ」のいよいよ最後のステップ「ステップ3　トリガー人格に適応する」に取り組んでいきましょう。

ステップ1、2で、あなたも自分の中に存在する失敗人格の存在に気づき、またその失敗人格の連鎖を明らかにすることができました。

ただ、ここまで取り組んでもらったあなたなら気づいたと思うのですが、この失敗人格の中には、**失敗人格の連鎖の引き金（トリガー）となる失敗人格が存在**します。すべての失敗人格の連鎖のキッカケとなる、とても厄介な失敗人格ですね。

私はこの失敗人格のことを、「トリガー人格」と呼んでいます。

ステップ3では、この**トリガー人格を特定して、そのトリガー人格に適応するための方法**を

お伝えしていきます。

すでにあなたに取り組んでもらったここまでのステップだけでも、感覚的な数値としては、約60％の失敗人格に適応することができています。

ただ、この効果をさらに高めるためにも、トリガー人格への適応ステップは欠かせません。

このトリガー人格に適応することができれば、そもそも失敗人格の連鎖が始まるキッカケを、限りなくゼロに近づけることができます。

失敗人格の連鎖ルートに書き出したすべての失敗人格を自覚することは、かなりエネルギーのいることです。

でも、トリガー人格1つのみでしたら、どうでしょうか？

すべての失敗人格に気をつける必要はないうえに、トリガー人格に適応することで失敗人格の連鎖が発動することを防ぐことができる。

少ないエネルギーで効果は絶大です。ぜひこのステップに取り組んで、失敗人格適応のステップの効果をより高めていきましょう。

ワーク4　トリガー人格のスイッチを自覚する

◎実践ステップ1……強烈な連鎖ルートの中から、トリガー（引き金）となる失敗人格を特定する

では、具体的な実践ステップに移っていきましょう。

先ほどの「ワーク3　強烈な連鎖ルートを特定する」で確認した、**強烈な連鎖ルートに着目**してください。おそらく、1〜3本の強烈な連鎖ルートが特定されていると思います。

もしこの段階で、連鎖ルートが複数ある場合の人は、こう自分に問いかけてみてください。

「この連鎖ルートの中で、あえて最も強烈な連鎖ルートを特定するとすれば、どの連鎖ルートだろうか？」

この問いかけをして、あなたにとって最も強烈な（ネガティブ度合いの大きい）連鎖ルートを特定しましょう。

そして、最も強烈な連鎖ルートが特定できたら、続けてこう自分に問いかけてみてください。

「この強烈な連鎖ルートの引き金となる失敗人格があるとすれば、どのような失敗人格が引き金になっているだろうか？」

この質問が、あなたのトリガー人格を特定するための質問です。

この失敗人格が登場すると、強烈な連鎖が始まってしまい、とてもネガティブな影響をもたらしてしまう。

そんな人格が、トリガー人格の特徴です。

それから、**複数の行き先がある失敗人格も、トリガー人格である可能性が高い**です。複数の行き先があるということは、それだけその失敗人格の出現頻度が高いと言えます。

これらの特徴を踏まえながら、失敗人格の連鎖の引き金となる、トリガー人格を特定してみましょう。

◎実践ステップ2……トリガー人格のスイッチを「五感覚」で発見する

トリガー人格を特定できたら、次に大切なのは**トリガー人格のスイッチを自覚する**ことです。

どの失敗人格も、その失敗人格が登場する際には、必ず何かしらのスイッチが発動していま
す。

たとえば、「すぐにイライラしてまわりに当たり散らしてしまう失敗人格」を持っている人がいた場合には、「自分の業務量が多くなって手に負えなくなったとき」が、その失敗人格が登場するスイッチかもしれません。

トリガー人格も同じです。トリガー人格にも、トリガー人格を発動させるスイッチがあります。

そのスイッチを発見するためのキーワードは、「五感覚」です。

なぜなら、私たちの脳は、すべての刺激や情報を五感覚で受け取っているからです。トリガー人格のスイッチが発動するのも、すべては、五感覚のいずれかからの刺激や情報によるものです。

だから、「どのような五感覚の刺激や情報が、トリガー人格のスイッチを発動するのか？」と自問し、トリガー人格のスイッチを発見することが重要です。

トリガー人格のスイッチを発見するためのワークシートを、次ページに用意しました。ぜひこのワークシートを参考にしながら、トリガー人格のスイッチを発見してみましょう。

「底づき感」を味わう効用

ここまで、失敗人格適応のステップについて、あなたと一緒に取り組んできましたが、実際に取り組んでみて、いかがでしたか？　どのような変化が感じられましたか？

この章でお伝えしているステップに真剣に取り組んでもらえれば、確実にあなたの中に成果

「トリガー人格」のスイッチを発見するワークシート

失敗人格が登場する、失敗人格になってしまうキッカケや状況を明らかに認知する。

さらにそのキッカケや状況を踏まえて【視覚的なスイッチ】（何が見えたときか？）、【聴覚的スイッチ】（何が聞こえたときか？）および【身体感覚的なスイッチ】（何を感じたときか？　何をしたときか？）を明確に自覚する。

■登場する状況やキッカケ
（その失敗人格は、どのような状況のときに登場するか？ どのようなことをキッカケにして登場するか？）

■視覚的なスイッチ
（何が見えたときか？　見たときか？　何を想像・イメージしたときか？　何を思い浮かべたときか？　思い出したときか？）

■聴覚的なスイッチ
（何が聞こえたときか？　何を聞いたときか？　何が頭をよぎったときか？　どのようなことばを思い出したときか？　頭の中で何を言ったときか？）

■身体感覚的なスイッチ
（何を感じたときか？　どのような思いをしたときか？　何をしたときか？　何に触れたときか？　どのような味わいのときか？　どのような匂いや香りを嗅いだときか？　どのような空気感、雰囲気のときか？）

※各質問の下に、実際に感覚を試しながら、実感しながらピッタリする表現で自由に書き出してみよう！

は表れます。

ぜひ、その変化が実感できるまで、この章でお伝えしているステップを繰り返し読みながら、取り組んでみてくださいね。

ところで、私が失敗人格適応のステップをセミナーでお伝えしている際に、とても大切にしているキーワードがあります。

それは、**「底づき感」**です。

失敗人格とは、本来なら決して見たくはない、自分の暗い部分です。

セミナー中にも、「こんなにネガティブな自分がいたなんて、信じられない……。こんな自分はもう見たくない」と言って、自分の失敗人格から目をそむけようとする人もいます。

そんなとき、私は決まってこう言います。

「失敗人格は誰でも見たくない部分だというのは、当たり前のことです。でも、その失敗人格から目をそむけてしまっていては、また同じ失敗を繰り返してしまいますよ。

だから、ここは**失敗人格と真剣に向き合って、『この失敗人格のままで人生を過ごしていては、本当に嫌だ！』という底づき感を味わう**ことが重要です。

『底づき感』を味わうことができれば、同じ失敗人格に陥る可能性は、今よりもずっと低くなります。逆に、その『底づき感』を実感しない中途半端なままでは、あなたはきっと今までと同じ失敗を繰り返してしまいますよ」

この失敗人格適応のステップに取り組んで、大きく変われる人の特徴は、しっかりと自分の失敗人格と向き合って、「底づき感」を実感することができていることです。

逆に、いつまで経っても中途半端にしか取り組まない人は、表面上は変わったように見えても、また同じような失敗人格を登場させて、同じような失敗を繰り返します。

「底づき感」とは、いわば**『強烈にネガティブな状態を自覚した感覚』**のことです。

「このままの失敗人格でいるのは、本当に嫌なんだ！」と、強烈に自覚した状態が「底づき感」です。

「大きく変われる人」と「いつまで経っても変われない人」の違い

ここで注目してほしいのは、私が「認識」という言葉ではなく、「自覚」という言葉を使っているという点です。

はっきり言って、「認識」したくらいでは、私たち人間は変わることはありません。

私もよく、「認識ではなく、自覚をしてください」という表現をセミナーや個人セッションの最中にします。

これは私の考えている定義ですが、**認識とは、頭で理解した程度のこと**を指します。頭で理解している程度のことですから、また同じようなミスや失敗を繰り返します。

一方、**自覚とは、強烈な感覚が伴った実感**のことを指します。

大きく変われる人といつまで経っても変われない人との大きな違いの1つは、**「認識」しているのか、「自覚」しているのかの違い**なのです。

自覚することを前提に読書をしていれば、たった1冊の本からでも、大きな気づきを得ることができます。逆に、ただ自分の知識欲を満たすためだけに本を読んでいるような人は、しょせんは認識程度の「気づき」しか得ることはできません。

認識程度の「気づき」では、本当の意味で変わることはできません。

失敗人格適応のステップについても、同じことが言えます。

この章では、あなたが失敗人格を自覚しやすいような工夫をできる限り随所に凝らしました。

たとえば、**「失敗人格に生々しいネーミングをつける」**や**「失敗人格の強烈な連鎖ルートにグループ名をつける」**というポイント。このようなポイントも、あなたの失敗人格に対する自覚の度合いを高めるための工夫の1つです。

失敗人格をただ書き出すだけなら、誰にだってできます。

でも、取り組んでもらうなら、少しでもあなたの人生がプラスの方向に動いてほしい。そう思いながら、できるだけあなたが自覚しやすいような工夫をしています。その意図が少しでも、あなたのお役に立てたらうれしいと思うのです。

第5章

自分の「天才性」を発揮する

「天才性」と聞いて、「自分には関係ない」「もう聞き飽きた」と思っているあなたへ

ここまで読んでもらったあなたは、第1章でお伝えした成果の出る人の3つの共通点のうち、2つまでを学んでもらったことになります。

成果の出る人の3つの共通点、覚えていますか？

◎成果の出る人の共通点①「うまくいくモードを自覚している」
◎成果の出る人の共通点②「失敗するモードに適応している」
◎成果の出る人の共通点③「天才性を最大限に発揮している」

この3つでしたね。

ここからあなたにお伝えしたいのは、成果の出る人の最後の共通点 **「天才性を最大限に発揮している」** です。

ところで、「天才性」という言葉を聞いて、あなたはどのようなイメージを持ちますか？

「天才性なんて一部の限られた人たちだけのもの。自分の中に天才性なんてあるわけがない」

「今までも自分の〝強み〟を発見するような取り組みをしてきたけど、結局はうまく活用することができなかった。天才性も同じで、自分で見つけるのが難しそう」

「自分の中に天才性があるならそれを活かしていきたいけど、本当に自分だけの天才性が見つけられるかが不安……」

このように、人によって抱くイメージはさまざまでしょう。

でも、そのイメージの大半が、ネガティブなものであるような気がしてなりません。

実際、私がこれまでにお会いした人たちに天才性のイメージについて聞いてみても、

「今まで大した業績や成果も上げてないのに、自分の中に天才性があるなんて信じられません」

「天才性なんて、そんな簡単に見つかるわけがないと思います。今までも〝強み発見〟とか〝才能開花〟のようなセミナーを受けてきたけれど、結局は見つけることができませんでした」

このように、**「天才性」という言葉を聞くだけで、拒否反応を起こす人**がほとんどです。

でも、私がこれまで歩んできたコンサルティング人生の中で、はっきりと自信を持って言えることがあります。

誰でも例外なく、自分の中にしかない「天才性」を持っている、と。

もちろん、本書を読んでもらっているあなたも、あなたにしかない天才性を持っています。

ただし、**普段はその天才性に気づいていないので、その天才性をうまく使いこなすことができていないだけ**なのです。

逆に言えば、自分が持っている天才性に気づいて、その天才性を使いこなすことができれば、仕事でも普段の生活でも、あなたのパフォーマンスは驚くほど向上します。

実践的脳科学から見た「天才性」の定義

では、私が考えている「天才性」を、あなたにより詳しくお伝えさせてください。

まず、結論から言えば、私が考えている**天才性とは、「自分自身が本来持っている『普遍的な能力やスキル』」**のことを意味します。

「普遍的な」とは、たとえ状況が変わったとしても、効果のある能力やスキルです。

そして、誰でも、この普遍的な能力やスキル＝天才性を持っているのです。

実際私は、お会いした人たちが自分自身の天才性を発見して、その天才性を普段の生活や仕事で活用するためのお手伝いをしています。

たとえば、経営者であれば、自分の天才性をこれからの事業に活かして、さらに会社を成長・発展させる人もいます。

また、私のようなコンサルタントやコーチングを学んでいる人であれば、自分が提供するコンテンツやノウハウに、天才性を活用している人もたくさんいます。

その他にも、職場でのコミュニケーションや部下のマネジメント、中にはパートナーシップという分野で、自分自身の天才性を活用している人もいるくらいです。

あなたの中にも、確実に天才性は眠っています。

まずはこの大前提を、しっかりと覚えておいてください。

ついに体系化！　天才性を発揮する方法

では、いったいどのようにして、あなたの中に眠る天才性を発揮することができるのでしょうか？

私は、これまでの約30年にわたるコンサルティング人生の中で、誰もが自分の中に眠る天才性を発揮するための方法論を体系化しました。

それが、この章でお伝えする**「天才性を発揮する5ステップ」**です。この「天才性を発揮する5ステップ」に取り組めば、あなた自身が気づいていない天才性を発見できます。

さらに、ただ天才性を発見するだけではなく、その天才性を普段の生活や仕事にどのように活用すればいいのかというヒントまでつかむことができます。

たとえ、脳科学や心理学の分野についての知識がまったくない人でも、自分の天才性を発見して、その天才性を発揮できるような方法論もステップ・バイ・ステップでわかりやすくお伝えしていきます。

人間の脳に存在する2つの機能——脳のOS、脳のアプリケーション

これからあなたに、「天才性を発揮する5ステップ」をお伝えしていくわけですが、その前にあなたに知っておいてほしい、とても重要な考え方があります。

私は、**人間の脳の機能をパソコンにたとえて、「OS」（基本ソフト）と「アプリケーション」（応用ソフト）という2つの考え方**を活用しています。

まず、OSとは、オペレーティング・システムの略です。オペレーティング・システムとは、アプリケーションソフトを作動させるための基本的な機能（パソコンの基本部分を動かす）のことです。

もしあなたが、マイクロソフト製のパソコンを使っているのであれば、Windows98やWindowsXP、Windows10といったOSを知っている人も多いのではないでしょうか？　これらはすべて、パソコンの基本ソフトにあたるOSと呼ばれるものです。

このOSがないと、パソコンそのものが機能しません。

一方、アプリケーションとは、エクセルやワード、パワーポイントなどの応用ソフトのことです。文書をまとめたいときにはワードを使えばいいし、表計算をしたいときには、エクセルでデータをまとめることができます。

アプリケーションが発達したおかげで、あらゆることが可能になりました。

私はこの2つの考え方を、人間の脳の機能に応用しています。

実は、**私たち人間の脳の機能も、パソコンと同じように、OSとアプリケーションという2つの考え方に区別することができる**のです。

まず、**人間の脳のOS**に当たる部分は、私が提唱している**「人格」**に当たる部分です。成功人格や失敗人格はもちろんのこと、信念や価値観、理念、哲学（フィロソフィー）、感情、資質なども、このOSに該当します。

「あの人は育ちが良い」「あの人はなかなかの人物だ」といった人格的な評価などは、すべてこのOSに関わるものです。

一方、**アプリケーション**とは、この章でお伝えする**「天才性」**を指します。

先ほど、天才性とは、「自分自身が本来持っている普遍的な能力やスキル」だとお伝えしました。

ただ、普遍的な能力やスキルとひと言で表現しても、それは人によってさまざまです。交渉力、セールステクニック、プレゼンテーション能力……。人によって、さまざまな天才性を持っているのです。

2つの機能を、それぞれバージョンアップさせる

このようにお伝えすると、第3章と第4章で取り組んでもらった成功人格と失敗人格がOSに当たる部分で、これからの第5章でお伝えする天才性が、アプリケーションに当たる部分であることがわかると思います。

ただ、**OSとアプリケーションは、どちらか一方だけバージョンアップさせればいいというものではありません。**望ましい結果を出すためには、OSとアプリケーションは、どちらもバージョンアップし続ける必要があるのです。

パソコンでも同じですよね。

どんなに最新版のOSであっても、優れたアプリケーションが入っていなければ、OS本来のパフォーマンスを発揮することはできません。

逆に、どんなに優れたアプリケーションがインストールされていても、そもそもOSがなければ、アプリケーションは起動することすらできません。

OSとアプリケーション、両方をバージョンアップさせることが、本来のパフォーマンスを発揮するためには不可欠なのです。

私たち人間の脳も同じです。

常に良いパフォーマンスを発揮できない状態で新しい知識やノウハウを学んでも、その知識やノウハウを効果的に活用することはできません。

セミナーや本でたくさん学習しても成果が出ない人は、典型的にこのパターンです。

そもそも自分の成功人格や失敗人格を自覚していないので、いくら学んだとしても、すぐに失敗人格に陥ってしまって、なかなか行動につながらないのです。

逆に、成功人格を確立して常に高いパフォーマンスを発揮できるようになっても、自分のスキルや能力の核となる天才性がなければ、具体的な成果を手にすることはできません。

OSとアプリケーション、この両方が備わって、初めて望ましい結果を手にすることができるのです。

どちらの機能を先にバージョンアップさせたほうがいい？

さて、このOSとアプリケーションの話をすると、こんな質問をされることがあります。

「OSとアプリケーション、どちらを先にバージョンアップさせたほうがいいですか？」

これも、その人の置かれている立場や能力などによって異なるので一概には言えないのですが、このような質問をされた場合には、

「まずは、自分のOSをバージョンアップすることをおすすめします」

と私は答えるようにしています。

まずは、自分のしっかりとしたOSを確立して、常に高いパフォーマンスを発揮できるようになることが重要なポイントです。

先ほどもお伝えしたように、**自分自身のOSがしっかりと確立されていない状態でいくら優れたアプリケーションを取り入れたとしても、結局はそのアプリケーションを使いこなすことができない**からです。

でもその一方で、OSだけ磨き続けても、望ましい結果がなかなか得られないのも事実です。

OSをバージョンアップさせている人は、優れたアプリケーションを身につける必要があります。

そのためにとても重要なのが、あなた自身の天才性なのです。

自分の天才性を自覚して、その天才性の活用方法をあなた自身が自覚すれば、今よりもさらに飛躍的な成果を手にすることができます。

「同じ人間なのに、どうして、こうも違いが生まれてしまうんだろう？」

では、「天才性を発揮する」とは、具体的にどういうことなのでしょうか？

ここで、天才性がもたらす可能性をあなたに実感してもらうために、あるエピソードをお話ししましょう。

Iさんという男性の話です。

Iさんは幼い頃から、人を観察することが大好きな少年でした。同じ人間なのに、身につけている物も違えば、取り組んでいる仕事もまったく違う。

同じ人間なのに、どうしてこうも違いが出るのだろうか。Iさんには、それが不思議でなりませんでした。

決定的だった出来事は、Ｉさんがまだ5歳くらいの頃、あるおそば屋さんでのエピソードです。

戦後間もない生まれだったＩさんは、近所のおそば屋さんに行くと、いつも疑問に思うことがありました。いつも行くおそば屋さんでは、堂々とおそばを食べている人がいる一方で、おそばが入った器をまるで隠すように、恥ずかしそうに食べている人がいたからです。

「何であの人は、恥ずかしそうにおそばを食べているんだろう？」

Ｉさんには、それが不思議でなりませんでした。

そしてある日、いてもたってもいられなくなったＩさんは、恥ずかしそうにおそばを食べている人に、ついに質問しました。

「ねぇ、おじさん。なんでおじさんは、手で隠しておそばを食べているの？　あの人みたいに、もっと堂々と食べればいいのに」

Ｉさんに聞かれたおじさんは、恥ずかしそうにこう答えました。

「おじさんは、お金がないから『かけそば』を食べているんだよ！　そんなこともわからないのか。『かけそば』を食べているところを見られるのが恥ずかしいから、こうやって隠しながら食べているんだよ」

後で両親から聞かされたのですが、Ｉさんが幼かった頃は、戦後間もないということもあり、食べ物がそんなに豊富ではなく、その人が食べている物で家柄やある程度の収入がわかったそうです。

だから、貧しい家庭だったり、収入がほとんどない人たちは、まわりの人たちにわからないように、自分の食べている物を隠すこともあったのです。

まだ幼かったIさんにとっては、この出来事は衝撃的でなりませんでした。

同じ人間なのに、どうして、こうも違いが生まれてしまうんだろう？

違いを生み出す原因は、いったいどのようなことなのだろう？

Iさんは、このおそば屋さんでの出来事から、よりいっそう人に対して深い興味を持つようになりました。

子供のときはまわりから否定され、社会に出てから開花した「天才性」

Iさんの人に対する興味は、年を重ねるごとに強くなっていきます。

学校では、先生に対していつも質問ばかりしていました。答えを知るだけでは満足できず、その背後にある考え方や前提が気になって仕方がなかったのです。

たとえば、算数の授業で割り算を教えてもらっていたときには、「先生、なぜ僕たちは割り算を勉強する必要があるのですか？　引き算は、結局は割り算だと思います。だから引き算をずっとしていけば、割り算と同じような答えが出るのではないですか？」

このように立て続けに質問するものですから、先生としては困った生徒です。授業が進まないので、いつも廊下に立たされていたほどです。

学校でもらう通知表には、常に「協調性なし」の評価。先生を困らせていたＩさんは、学校の評価は最低ランクでした。

でも、そんなＩさんの人に対する興味が、ついに開花する時期がやってきます。

それは、会社員として社会に飛び出したときでした。

Ｉさんの人に対する強い興味は、仕事のさまざまな分野で、その力を発揮するようになります。

たとえば、それが、時にはセールスという分野で、商談相手の購買心理を読み解くことにつながりました。

「このお客様は◯◯というパターンを持っているから、こういう提案をすると受け入れてくれそうだな」というようにお客様一人ひとりのパターンがわかるようになり、社内でもトップクラスの営業成績を残すことができるようになりました。

またはそれが、マネジメントという分野では、部下の一人ひとりの天才性を把握して、効果的な指導をすることにもつながりました。

「Aさんは◯◯という天才性を持っているから、このポジションに置くと、さらに彼の本来の能力を発揮できるはずだ」

このように、次々と部下の天才性を見いだし、仕事の成果を上げていきました。

そして、社内でも成績が最下位だった地域の統括責任者を任されて、結果的には3年で社内トップの成績を残せるチームにまで成長させました。

そして、40歳になろうかというとき、Iさんは、自分の天職をついに見つけました。それが、コンサルタントでした。

コンサルタントはまさに、対人関係能力が仕事の成否に大きく関わる職種の1つです。

今まで人に興味を持ち続けてきたIさんには、すでに人に関する膨大なデータベースが蓄積されていました。その膨大なデータベースを活用しながら、コンサルティングの現場でも数々の結果を残していきます。

また、Iさんは幼い頃から人に質問することも、当たり前のように身につけていたので、コンサルタントに必須の「質問力」も、普段の生活の中で自然と磨かれていました。

日本人なら誰もが知るような一流企業のコンサルティングから、社員が数人程度の中小零細企業、個人であればサラリーマンや主婦まで、現在のIさんはとても幅広い領域でコンサルタントとして活動する毎日を送っています。

なぜ、そのようなことが可能になるのか？

それは、Ｉさんが幼い頃から育んできた「人に対する圧倒的な興味の高さ」という天才性を、自分の仕事に上手に活用してきたからです。

自分が幼い頃から育んできた天才性を最大限に活用することで、Ｉさんの人生は大きな転換期を迎えることができたのです。

あの天才性は、マイナスか、プラスか？

ここまで読んで、勘のいい人はお気づきかもしれませんが、ここで登場しているＩさんとは、まさに私自身のことです。

私は幼い頃から、人に対する興味が、他の人と比べても圧倒的に高かったのです。でも、学童期は、私はその興味を人前では封印していました。

まわりの大人や学校の先生から、その興味は効果的ではないと教えられてきたからです。

でも、いざ仕事をしてみると、どうでしょうか？

マイナスになるどころか、私が育んできた人に対する興味が、仕事でもたくさんのプラスの影響を残してくれました。

今の私があるのは、幼い頃から育んできた、「人に対する圧倒的な興味の高さ」という「天才性」のおかげと言っても過言ではありません。

逆に、この「天才性」を使うことなく人生を過ごしていたとしたら、どうなっていたでしょうか？

想像したくもありませんが、きっと自分の本当にやりたいことができずに、我慢や不安の多い毎日を送っていたと思います。

だから、もし今のあなたが、何か自分の可能性や進むべき道を模索しているのだとしたら、ぜひこの章を読んで自分の「天才性」を発見してもらいたいのです。そして、その「天才性」を活かしたうえでこれからの人生を送ってほしい――。

私自身の実体験からも、心からそう思うのです。私自身が体験してきたように、**自分自身の天才性を活用することができれば、あなたの可能性も飛躍的に広がります。**

公開！　あなたの天才性が眠っている場所

いかがでしょうか？

私のエピソードを読んで、あなた自身が「天才性」を発揮するイメージが湧いてきたでしょうか？

私のエピソードをあなたにお伝えしたのは、何も私の自慢話がしたかったからではありません。実は、私がお伝えしたエピソードの中には、あなたが自分自身の「天才性」を発見するための重要なポイントが隠されているのです。

そのポイントとは、ずばり**「個人史」**です。

「個人史」こそが、あなたの「天才性」を発見するためにとても重要なポイントになります。

いったいどういうことでしょうか？

私たち人間は誰でも、自分自身が歩んできた歴史があります。たとえば、今まで30年生きてきたビジネスマンであれば、30年分の歴史があります。

このように、本人が歩んできた歴史のことを、私は「個人史」と呼んでいます。

そして、この**「個人史」の中には、その人の天才性を発見するためのさまざまなヒントが隠されている**のです。

私のエピソードを思い出してみてください。

私は幼い頃から、「人に対する圧倒的な興味の高さ」という「天才性」を育んできました。

おそば屋さんでのエピソードに代表されるように、常に人に興味を持ち、何かあったらすぐに質問する習慣が、幼少期から身についていました。

ただし、幼い頃の私はもちろん、この「天才性」に気づくことはありませんでした。

むしろ、まわりの人たちからは否定すらされていたので、どちらかというとこの「天才性」を封印していたように思います。

そんな私が、**自分の天才性を自覚したのは、まさに自分の「個人史」を明らかにしたときから**です。

自分の「個人史」を明らかにすることで、私は自分自身の「人に対する圧倒的な興味の高さ」という「天才性」を自覚することができました。そして今ではその「天才性」を、コンサルタントという仕事で活用しています。

その知識・ノウハウ、宝の持ち腐れにしていないか？

ここで、あなたにお伝えしたい重要なメッセージがあります。

新たな知識やノウハウを吸収することで、自己成長や自己変革をしていくことはとても重要です。

でも私はそれ以上に、本来自分自身が持っている「天才性」を最大限に活用することが、パフォーマンスを高めるための最も効果的な方法であると考えています。

自分の天才性を自覚しないまま知識やノウハウを吸収しても、結局は宝の持ち腐れになってしまうことがほとんどです。

「自分には天才性なんかないんじゃないか？」

「天才性を発揮できる人なんて、ほんの一部の限られた人なんじゃないか？」

「こんな自分に天才性なんて、そもそもあるわけがない」

このような疑問を持つ人もいると思います。

でも、安心してください。あなたの「個人史」をしっかりと明らかにすれば、その中に天才性を発見するヒントは必ず隠されています。

たとえあなたが学生であったとしても、大学生ほどの体験や経験を積んでいる人であれば、「個人史」を明らかにすることで自分自身の天才性を発見することができます。

実際、過去に私は、高校受験を目指している中学生の男の子に、自分の天才性を活用して勉強する方法を指導したこともあります。その結果、見事にその子は、志望校より3ランク上の高校に合格を果たしました。

眠った「天才性」を掘り起こす、「個人史」5つのカテゴリー

では、具体的にどのようにすれば、あなたの「個人史」を明らかにすることができるのでしょうか？

私は、誰もが「個人史」という考え方を活用して、自分自身の天才性を発揮できるよう、**「個人史」を5つのカテゴリー**に体系化しています。

具体的には、

①「生育・生活史」
②「学び史」
③「教育史」
④「職業史」
⑤「業績史」

この5つのカテゴリーの「個人史」を明らかにすることで、あなたは自分自身の天才性を発

見することができます。

それぞれのカテゴリーについて、より詳しく見ていきましょう。

①「生育・生活史」

◉カテゴリーの特徴：あなたの土台となる天才性に最も影響を与えているカテゴリーです。幼児期で培われた天才性は、あなたのその後の人生の方向性に影響を及ぼします。なかでも、幼少期の親子関係は、あなたの基本的な天才性にとても大きな影響を及ぼしています。生育史を明らかにすることで、人格や人柄に関わる天才性を明らかにすることができます。

また、生活史においては、特にどのような生活を送っていたのかを紐解くことで、人間観や金銭観、対人関係などにおける天才性を明らかにすることができます。

◉ライフサイクル（おおよその該当年齢）：生育史は幼児期から中学生まで、生活史は幼児期から壮年期まで

◉明らかにできる天才性：人格、人柄、判断基準、信念、価値観などの自分自身のＯＳに近い能力やスキル

②「**学び史**」

◉カテゴリーの特徴：義務教育や大学などの学校教育に限らず、職場やプライベート、趣味などのあらゆる場面であなたが学んできた知識や知恵の歴史が、このカテゴリーに該当します。

仕事の成果に直結する知識やスキル等も、どのような「学び史」を過ごしてきたのかによって大きく変わります。

成功者ほど優れた学び方を身につけているため、「学び史」のエピソードを聞くと、とても参考になる点がたくさんあります（効果的な学び方については、拙著『できないことがなくなる技術』をご参照ください）。

◉ライフサイクル（おおよその該当年齢）：学童期から壮年期まで

◉明らかにできる天才性：卓越したノウハウやドゥハウ、メンターの選び方など

※「ドゥハウ」とは、当たり前（無自覚）となっている微細な動作や感覚、感情、思考プロセスなどを体系化した、実践に基づく方法や手段のことです。

③「**教育史**」

◉カテゴリーの特徴：カテゴリー②の「学び史」とは対照的に、あなたが部下や後輩、同僚

に対して教育や指導をしてきた歴史が、この「教育史」に当たります。
たとえば、学校の部活動で主将やリーダーを務めてチームをマネジメントしていたという体験も、この「教育史」にあたります。基本的なマネジメントスキルや人に物事を伝える力などは、主にこの「教育史」で培われます。

◉ライフサイクル（おおよその該当年齢）：青年期から壮年期まで

◉明らかにできる天才性：マネジメントスキル、自分の考えを表現するプレゼンテーション力など

④「職業史」

◉カテゴリーの特徴：学生時代のアルバイトも含めて、何かしらの職業に携わった歴史がこのカテゴリーに該当します。

この「職業史」をしっかりと振り返ることで、仕事で拠り所にしている信念や考え方、価値観（キャリア・アンカー）や、その拠り所をどう外部環境のニーズとマッチさせていくべきなのか（キャリア・サバイバル）という自分なりの取り組み姿勢を発見することができます。

なお、**「キャリア・アンカー」**とは、アメリカ合衆国の組織心理学者エドガー・H・シ

ャイン氏によって提唱された概念です。ある人物が自らのキャリア（職場や職種）を選択する際に、最も大切な（どうしても犠牲にしたくない）価値観や欲求のことを言います。**「キャリア・サバイバル」**も、シャイン氏によって提唱された概念で、今後の環境変化に対応するという視点でキャリアを考え、環境変化に対応して、「どう生き残るか」を考えることを言います。

また、経営者や事業家が優れたビジネス感覚を持っているのも、この「職業史」の中で育んできた天才性によるものです。

◉ライフサイクル（おおよその該当年齢）：青年期から壮年期まで

◉明らかにできる天才性：キャリア・アンカー、キャリア・サバイバル、ビジネス感覚など

⑤「業績史」

◉カテゴリーの特徴：ここで言う業績や成果とは、仕事をしているときだけのことを指すのではなく、学業で達成した業績や成果なども含みます。学校の授業で表彰された、部活動の県大会で優勝した経験があるといったことなども立派な「業績」史の1つです。

もちろん、営業成績で社内1位を達成した、社長賞を獲得したことがあるなど、仕事で獲得した業績も「業績史」に含まれます。

天才性を掘り起こす「個人史」プロファイリング

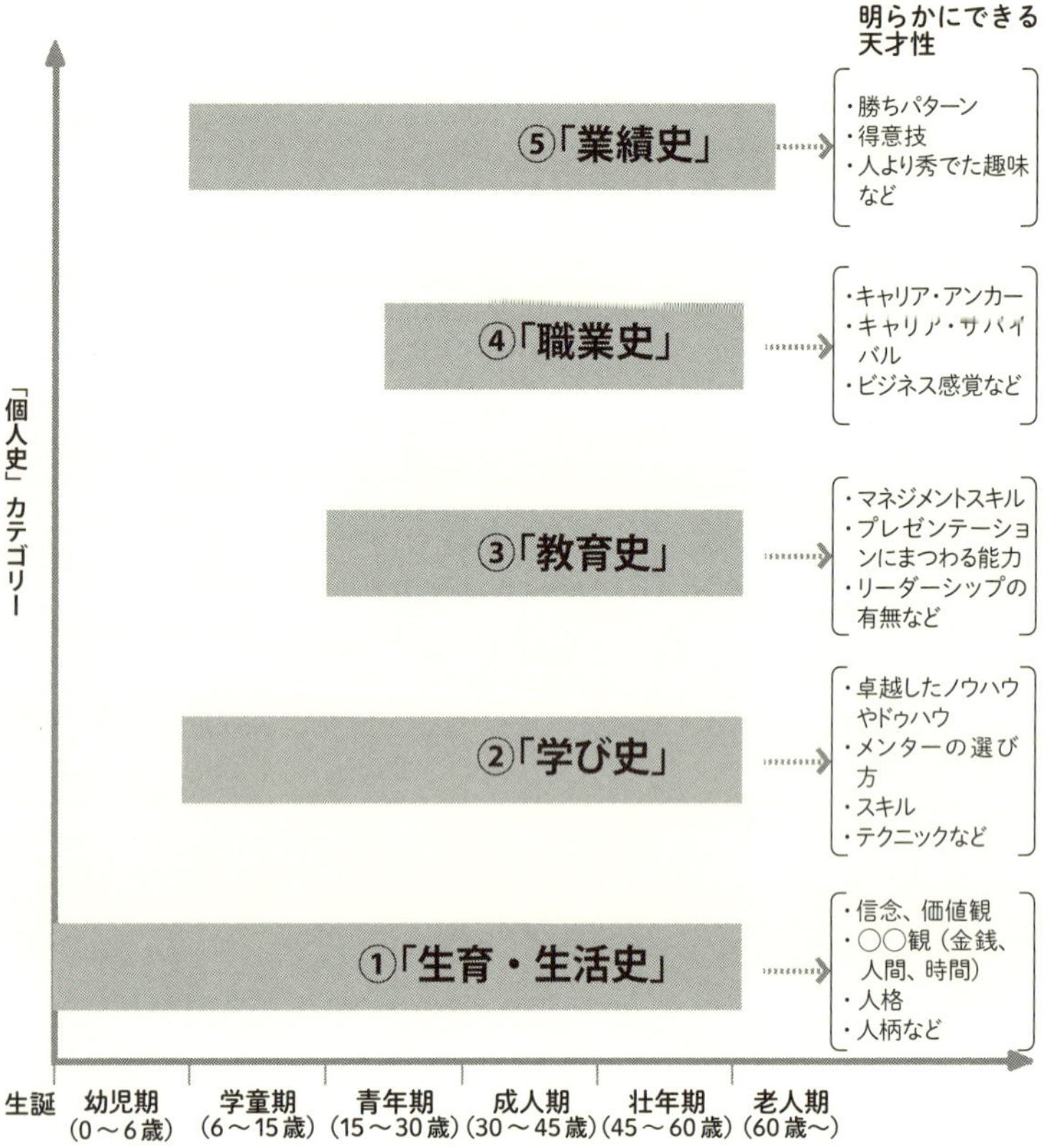

「自分自身のこと」も「相手のこと」も、
すべて「個人史」の中にある。

どんなに小さなことでもいいので、これまでに手にしてきた業績や成果を振り返ることが、このカテゴリーの重要なポイントです。

◉ライフサイクル（おおよその年齢）：学童期から老人期まで

◉明らかにできる天才性：勝ちパターン（目標達成やチャレンジ内容）、得意技、人より秀でた趣味など

「個人史」は、「自己分析」とは違う

この「個人史」の話をすると、「つまり、個人史とは、学生時代のときに取り組んだ自己分析のようなもの」と考える人がいます。

しかし、「個人史」と「自己分析」は、まったく異なるものです。

まず、大学のキャリア教育などで教えられている**「自己分析」は、その自己分析によってどのような成果を得たいのかという「ゴール」が、ほとんど明確にされていません。**

つまり、「個人史」で言うところの「明らかにできる天才性」が曖昧であることがほとんどなのです。

ですから、志望動機やPRポイントになりそうなところをとりあえず挙げてみたり、その企

業にウケそうな言い回しを考えるだけにとどまってしまうのが実情です。

ましてや、「自己分析」で得られた結果を、今後の自分のキャリアにどのように活かすのかまで徹底的に指導しているような教育関係者は、私が知る限りほとんどいません。

厳しいことを言うようですが、このような**「自己分析」には、まったく意味がありません。**

単に自分の歴史を振り返るだけでは、意味がない

以前、ある経営者から、こんなエピソードを聞いたことがあります。

その人が在籍していた大学では、大学3年生に進学すると、全学生向けに就職活動のオリエンテーションが開かれるそうです。全学生対象ということで、その人も渋々参加したそうですが、そのオリエンテーションの最中に、教職員から、

「自分の希望する業界や、やりがいのある仕事などのことはいったん脇に置いて、まずはエントリーシート（企業に提出する出願書のようなもの）を100社提出することを目標としてください」

というような説明があったそうです。

私はこの話を聞いた瞬間、憤りを通り越して、呆れ返ってしまいました。

学生本人の「天才性」を発揮する機会を、大学側が奪ってしまっている典型的な事例の一つです。

また、「個人史」では、5つのカテゴリーに区別して自分の天才性を発揮していく方法をとっていますが、「自己分析」の場合は、そのようなカテゴリー分けもほとんどされていません。ただ単に、自分のこれまでの歴史を振り返っていく作業をすることがほとんどです。だから、「そもそもどのように自己分析をしたらいいのかがわからない」という悩みを抱える学生が多いのです。

「個人史」と「自己分析」を混同しないよう、くれぐれも注意してください。

天才性を発揮する5ステップ

では、具体的にどのようなステップで、「個人史」の5つのカテゴリーを振り返り、あなたの天才性を発見していけばいいのでしょうか?

そのステップは、次の5つです。

ステップ1　事実体験を書き出す

ワーク1　体験や経験を書き出す
ステップ2　天才性の仮説設定をする
ワーク2　天才性を明らかにする
ステップ3　「創発・発想法」で天才性を組み合わせる
ワーク3　無自覚の天才性を明らかにする
ステップ4　現場での実践とフィードバックをする
ワーク4　アクション&フィードバックシートに記入する
ステップ5　メンターの存在を活用する

詳しい方法は、この後お伝えしますが、それぞれのステップとワークの概要と狙い、効用をお伝えしておきます。

「ステップ1　事実体験を書き出す」では、先ほどお伝えした5つのカテゴリーに基づき、あなたの天才性に大きな影響を及ぼしたと思われる体験や経験を書き出していきます。

「体験」とは、あなたが実際の当事者であった出来事を指します。

たとえば、大きな病を乗り越えることによって人生が一変したという話をよく聞いたりしますが、この場合は「大きな病を『体験』して、自分が本当に大切にしていることに気づきました」というような表現が妥当です。

一方、本書では**「経験」とは、あなたが実際には体験していないけれど、見聞きした情報や出来事**のことを指します。

先ほどの病の例で言えば、「あのとき母親が病気になるという『経験』をして、自分にとって本当に何が大事かを気づかされました」というように、自分以外の誰かが体験した出来事のことを指す場合を「経験」と言います。

この2つの違いを踏まえて、あなたの記憶に印象的に残っている体験や経験を書き出していきます。

「生育史」のカテゴリーであれば、両親との関係で印象に残っている体験や経験を書き出してみるといった具合です。

あなたの記憶に印象的に残っている体験や経験であれば、どんなに小さなことでもかまいません。たとえば、ある経営者の方は、「両親が自営業をしていて、幼い頃から商売の現場を間近で見ていた」ということを書き出していました。

天才性のことはいったん脇に置いてもらって、まずはあなたにとって印象的だった体験や経験を書き出すことがポイントです。

また、書き出す体験や経験は、何もポジティブなものである必要はありません。「高校2年生の部活動の大会で負けて、とても悔しい思いをした」などのネガティブなことでもまったくかまいません。

ネガティブな体験や経験にも、あなたの天才性を発見するためのヒントが隠されているからです。

「ステップ2　天才性の仮説設定をする」では、ステップ1で書き出した事実体験を基に、あなたの天才性の仮説設定をします。

「仮説設定」とは、あなたの天才性にアタリをつけるという意味です。つまり、**「もしかしたら、自分には◯◯のような天才性があるのかもしれない」という仮説を立てる**わけです。

具体的には、

「この体験や経験から育まれた『普遍的な能力やスキル』があるとすれば、どのようなことだろうか？」

「この体験や経験から得られたことがあるとすれば、どのようなことだろうか？」

「この体験や経験によって、変わったことがあるとすれば、どのようなことだろうか？」

といったように自問自答してもらい、自分自身の天才性の仮説設定をしていきます。

このステップで大切なことは、**どんなに小さな天才性でも、まずは書き出してみる**こと。正しいか間違っているかは関係ありません。

直観でかまいませんので、まずは自分が思いつく天才性を書き出してみることがとても重要です。

逆に、このステップでやってはいけないことは、「自分には天才性なんてないから、書くことが1つもない」と自己否定に陥ってしまうことです。その状態に陥っている人は、まさに失敗人格に陥っています。第4章でお伝えした失敗人格適応のステップに取り組んでから、天才性の仮説設定のステップを行なってください。

「ステップ3 『創発・発想法』で天才性を組み合わせる」では、あなたにとってより効果性のある天才性を発見するためのワークに取り組んでいきます。

ポイントは、**「創発・発想法」というワーク**です。

このワークは、**私が開発した脳科学的な発想法**のことです。このワークに取り組むことで、あなた自身がまだ気づいていない、無自覚の天才性を明らかにすることができます。

私たち人間の脳は、普段から自覚できていることはほんのわずかです。ほとんどが無自覚の状態で生活や仕事をしています。

天才性についても同じことが言えます。

ステップ2で書き出す天才性は、あなたが普段から自覚していたものが出てくるケースがあります。実際のセミナーでも、ステップ2で書き出す天才性については、「普段から何となくは感じていました」という感想を抱く人もいます。

そんなときにも効果的なのが、この「創発・発想法」のワークです。

このワークに取り組んで、**普段は自覚できていない天才性を明らかにしていきましょう。**


「ステップ4　現場での実践とフィードバックをする」では、ステップ3までで**明らかにした天才性を、あなたの職場や普段の生活という「現場」で実際に活用**していきます。

ステップ3までで明らかにした天才性は、あくまでもあなたの脳の中に存在していた天才性です。

しかし、頭で考えていることと、実際の現場で活用することとでは、大きく異なる点がいくつもあります。

「頭の中ではイメージができていたのに、実際の現場でやってみると、何か違う……」という体験は、あなたにもあるのではないでしょうか？

そのような「机上の空論」にならないためにも、ステップ4では徹底的に現場での実践とフィードバックを繰り返していきます。

そのためのサポートツールとして、**「アクション&フィードバック」**というワークシートもhttp://www.forestpub.co.jp/taiga/で用意しています。ぜひ活用してあなたの天才性を現場に適応させてみてください。

そして、最後の**「ステップ5　メンターの存在を活用する」**では、あなたの天才性をより発揮してもらうための「メンター」の存在についてお伝えしていきます。

第3章で、「3つの世界」という考え方をお伝えしました（3つの世界については、本書118ページでお伝えしました）。

この考え方にも共通することですが、あなたが望ましい結果を手に入れるためには、メンターからの支援が必要不可欠です。

私も数多くの成功者にお会いしてきましたが、誰一人例外なく、メンターからの招待状や支援によって、自分自身のビジョンや目標を達成していました。

繰り返しになりますが、私たち人間の脳は、ほとんどが無自覚に支配されています。**どんなに頑張ったとしても、自分一人で気づけることには限界があります。**

そんな限界を突破するための存在が、メンターなのです。

メンターは、**あなたが気づいてもいない天才性を見いだし、その天才性を発揮するための「場」を与えてくれるとても貴重な存在**です。メンターとの出会いが、人生を変えると言っても過言ではありません。

今では、一般的にもメンターという考え方は浸透してきましたが、「天才性を発揮する」ことを前提としたときに、どのようにメンターを活用すればいいのかというポイントをお伝えしていきます。

具体的には、

①「場」を提供する
②ストレッチ・アサインメントを実施する
③振り返り&フィードバックを共有する

この3つのポイントをおさえて、効果的にメンターを活用する方法をお伝えしていきます。

以上が、「天才性を発揮する5ステップ」になります。

この5ステップに取り組むことで、「普遍的な能力やスキル」となるあなたの天才性を発揮することができ、仕事や普段の生活でも見違えるようなパフォーマンスを表すことができます。

ぜひ、楽しみながら取り組んでいきましょう。

天才性を発見する土台をつくる――【ステップ1】事実体験を書き出す

ではいよいよ、「天才性発揮の5ステップ」に取り組んでいきましょう。

最初のステップは、「個人史」の5つのカテゴリーに基づいて、あなたの印象に残っている体験や経験を書き出すステップです。

このステップで書き出す体験や経験が、**あなたの天才性を発見していくための基本的な土台**となります。

ポジティブなことはもちろん、ネガティブなことでもかまいません。まずは、あなたの記憶にある体験や経験を書き出していきましょう。

このときに大切なのは、**「思い出しやすいカテゴリーの個人史から書き出していく」**ことです。

日本人には特に多いのですが、「順番どおりにやらなければいけない」とか、「正しくやらなければいけない」という前提を強烈に持っている人がいます。

今回で言えば、「生育史から順番に取り組まなければいけない」という前提を無自覚で持っている人がいるかもしれません。

でも、そんなことはありません。自分が思いつくカテゴリーの「個人史」から書き出してもらってOKです。

また、もし**どうしても印象的な体験や経験が思いつかないという場合**は、そのカテゴリーの書き出しはしなくてもかまいません。たとえば、学生であれば、そもそも「職業史」がほとんどないという場合もあるかもしれません。

思い出しやすいカテゴリーから取り組んでいき、どんなに小さな体験や経験でもいいので、**「まずは書き出してみる」**ことが、このステップの最大のポイントです。

ワーク 1 体験や経験を書き出す

◎実践ステップ1……ペンとポストイットを用意する

最初に、**ペンとポストイットを用意**してください。

ポストイットのサイズは、第4章の「失敗人格適応のステップ」で用意したものと同じものです（**横75㎜×縦25㎜のサイズ**）。

まだポストイットを用意していない人は、インターネットで、「ポストイット　75㎜×25㎜」と検索すると同じサイズのものが出てきます。書店や文具店でも購入できますので、好きな色のポストイットを今回は2束くらい用意しておきましょう。

◎実践ステップ2……「個人史」のカテゴリーに沿って体験や経験を書き出す

次に、「個人史」のカテゴリーを参考にしながら、あなたの体験や経験を書き出していきましょう。256ページの「個人史」の5つのカテゴリーの図をもう一度見てください。

この5つのカテゴリーの中から、**書き出しやすそうなカテゴリーを選んであなたの印象的な体験や経験を書き出していきます。**

その際、

「印象的だった体験や経験があるとすれば、どのようなことだろうか？」

「とても大きな喜びや感動を感じた体験や経験があるとすれば、どのようなことだろうか？」

「とても痛みを感じた体験や経験があるとすれば、どのようなことだろうか？」

「自分の人生に大きく影響を与えている体験や経験は、何だろうか？」

このようなことをあなた自身に問いかけて、浮かんだことをポストイットに書き出していきましょう。

1枚のポストイットにつき、1つの体験もしくは経験を書き出していきます。

ポストイットに書き出す際は、どのカテゴリーの「個人史」に当たる体験や経験かがわかるように、メモをしておいてください。

先ほども述べたとおり、どんなにささいなことでもかまいません。

たとえば、実際のセミナーでは、

・両親が自営業をしていた
・女優業をしていた時期がある
・看護師をしていて、健康には以前から興味を持っていた
・部活動でキャプテンを務めていた
・学生団体などで企業と積極的に交流していた
・会社で新人賞を受賞したことがある
・長年望んでいた子供を授かった
・友人から相手にされず、非常につらく悲しい時期を過ごした
・ライバルでもある同僚に営業成績で負けて、とても悔しい思いをした
・あのときに読んだ◯◯という本が、自分の人生を方向づけることになった
・◯◯セミナーに参加して、自分の世界観が一気に変わった

・長年指導していた自分の部下が、社長賞を受賞してとてもうれしかった

などを書き出していきます。

また、もしその体験や経験をした年齢がわかるようであれば、それもポストイットに書き出しておきましょう。後で振り返りをするときの参考になります。

◎実践ステップ3……優先順位をつける

次に、書き出した体験や経験の中から、カテゴリーごとに優先順位をつけていきましょう。

ここでいう優先順位とは、**「あなたにとって影響を与えた度合い」**のことです。

「この体験や経験は、私自身に大きな影響を与えたなぁ！」と感じる順番にカテゴリーごとに並べ替えていきましょう。

たとえば、「生育史」のカテゴリーで5つの体験もしくは経験を書いている人は、この5つの中で優先順位をつけていきます。**枚数が多い人は、ポストイットの端に番号を書いておく**ことをおすすめします。

この優先順位をつけるステップも、深く考える必要はありません。**あなたの直観で感じた順番でかまいません**ので、並べ替えていきましょう。

天才性を発見する土台となる「個人史」の「事実体験」書き出しの例

【生育・生活史】

1．常に母親から、「相手の立場になって考えなさい」と教えを受けていた。
2．生まれた頃から、両親が自営業をしていた。
3．両親が自営業をしていたため、最初からサラリーマンという選択肢は自分の中になかった。
4．いつも友だちに不自由がしたことがなかった。
5．幼い頃から近所の人たちと家族のように接していた。

【学び史】

1．学生時代に『竜馬がゆく』（司馬遼太郎著）を読んで、明治の志士たちの生き方に大きな感銘を受けた。
2．12 年間の野球生活を通じて、チームマネジメントの難しさとおもしろさを身をもって実感した。

【教育史】

1．小・中・高と野球部でキャプテンを務め、チームのマネジメントにあたっていた。
2．塾講師のアルバイトをして、生徒指導にあたっていたことがある。

【職業史】

1．アルバイトリーダーとして、アルバイトの子たちのマネジメントをしていた。
2．いくつかのアルバイトを転々とするよりも、1つのことを長く続けるタイプ。
3．人と接するサービス業の経験（人と接することが好きかも）。

【業績史】

1．小学生のときに、チームリレーで、市内で優勝した。
2．大学2年生のときに、TOEIC スコア 915 を達成した。
3．新人営業賞を獲得した。

5つのカテゴリーで書き出した事実体験をもとに、優先順位をつけてみよう！

自分の天才性にアタリをつける――【ステップ2】天才性の仮説設定をする

ステップ2では、ステップ1で書き出した体験や経験を基に、あなたの天才性にアタリをつけることに取り組んでいきます。

このステップで**大切なことは、失敗人格に陥らないこと**。

「自分にはそもそも天才性なんてないから書けないよ」

「どれも当たり前のことばかりで、ここから天才性なんて見つかるわけがない」

このように、自分を否定したり見下したりする失敗人格に陥ってしまうと、このステップを効果的に進めることはできません。

そのようなことを感じた人は、203ページでお伝えした失敗人格脱出の魔法のアクション「ジャンプ、ジャンプ、横」を活用して、いち早く失敗人格から脱出しましょう。

また、同じように失敗人格に陥るパターンとして、**「まわりの人たちと比較してしまう」**ということがあります。つまり、まわりの人たちと比較したときに、「こんな能力やスキルなんて、大したことないんじゃないか……」と考えてしまい、自分の天才性に価値がないと感じてしまうのです。

でも、はっきり言って、そんなことは関係ありません。

これは本書全体に一貫して言えることですが、**大切なことは「あなたがどれだけ真剣に自分自身と向き合えるか」**です。まわりの人の評価や事例を気にしてばかりでは、このステップを効果的に進めることはできません。

落ちついて集中できる環境で、ぜひあなた自身と向き合ってみましょう。

また、それぞれの「個人史」のカテゴリーで明らかにしやすい天才性は、次のとおりです。

◎**生育・生活史**……人格、人柄、判断基準、信念、価値観などの自分自身のOSに近い能力やスキル

◎**学び史**……卓越したノウハウやドゥハウ、メンターの選び方など

◎**教育史**……マネジメントスキル、自分の考えを表現するプレゼンテーション力など

◎**職業史**……キャリア・アンカー、キャリア・サバイバル、ビジネス感覚など

◎**業績史**……勝ちパターンや得意技など

ワーク 2　天才性を明らかにする

◎**実践ステップ1……体験や経験を踏まえて、天才性を書き出す**

ステップ1でポストイットに書き出した体験や経験を踏まえながら、あなたの天才性の仮説を設定していきます。

まず、5つのカテゴリーの中で、**取り組みやすそうなカテゴリーを直観で選んで**みましょう。「生育史」が取り組みやすそうな人は「生育史」、「学び史」が取り組みやすそうな人は「学び史」を選んでください。

次に、**優先順位の高い体験や経験のポストイットに注目**してみましょう。

もちろん、すべての体験や経験を踏まえて天才性を書き出すのがベストなのですが、あまりにも情報量が多すぎると、人間の脳は混乱してしまう恐れがあります。

大まかな数字感覚で言えば、それぞれの**カテゴリーについて10枚以上のポストイットを書き出している人**は、主に**上位3つくらいの体験や経験に注目**すると、天才性が書き出しやすくなります。

優先順位の高い体験や経験を踏まえたうえで、次のように自分自身に問いかけてみましょう。

「この体験や経験から育まれた能力やスキルがあるとすれば、どのようなことが考えられるだろうか？」

「この体験や経験から、どのような信念や価値観を身につけただろうか？」

「この体験や経験から得たノウハウやドゥハウがあるとすれば、どのようなことだろうか？」

「自分の仕事や生活などの状況や環境が変わったとしても、活用できる能力やスキルがあるとすれば、どのようなことだろうか？」

「自分の勝ちパターンや得意技があるとすれば、どのようなことだろうか？」


このような質問を自分に問いかけることで、あなたの天才性を導き出しやすくなります。そして、思いついた天才性を、ポストイットに自由に書き出していきましょう。

ポストイット1枚につき、1つの天才性です。

実際のセミナーでは、

・常に相手の立場になって考えるので、高い成約率でセールスをすることができる
・商品やサービスを見た瞬間に、〝売れる〟か〝売れない〟かの判断が感覚的にできる
・物事のコンセプトを、一瞬でつくることができる
・相手と話しているだけで、その人のパターンや価値観が何となくつかめる
・相手の話や物事の要点をまとめて、他人にわかりやすく伝えることができる
・人前で自分を表現することが好きで好きでたまらない
・何事も突き詰めてやり抜くことで達成できるという信念が身についた

といったようなことを自分の天才性として書き出す人もいます。

何も、自分の人生を180度変えてしまうような天才性を、ここで書き出す必要はありません。

そのために、天才性に「アタリをつける」という表現をしているのです。まずは、カテゴリーごとに自分の天才性を書き出していきましょう。

◎実践ステップ2……天才性の優先順位をつける

次は、先ほどステップ1の体験や経験の優先順位をつけたのと同じ要領で、天才性にも優先順位をつけていきましょう。

ただし、ここで**注意点**が1つあります。

先ほどはカテゴリーごとに体験や経験の優先順位をつけましたが、今度は、**カテゴリーは関係なく、すべての天才性をひとまとめにして優先順位をつけていきます。**

たとえば、書き出した天才性が全部で30枚ある人は、その30枚すべてに優先順位をつけていきます。

ここで言う「優先順位」とは、「この天才性は、自分にとってとても重要だ！」と感じる度合いで決めていきましょう。

あくまでも、**「あなたにとって」重要だと感じる順番**です。他人からの評価はいったん脇に置いて、あなたの直観で優先順位をつけていきましょう。

優先順位をつけたら、ポストイットの端に番号をふるのも忘れずに。

自分が自覚していない天才性を明らかにする
――【ステップ3】「創発・発想法」で天才性を組み合わせる

ここまでのステップが、あなたが自覚している範囲の天才性を明らかにするという取り組みでした。取り組んでみて、いかがでしたか？

自分が気づきもしなかったような天才性が明らかになったという人もいたと思いますが、逆に、自分がすでになんとなく把握していた天才性を書き出したという人も、多いのではないかと思います。

これは、あなたが自覚している範囲の天才性を書き出したからです。

ここからは、あなたがまだ自覚していない、**無自覚の天才性を明らかにするというステップ**に取り組んでいきます。

具体的には、**「創発・発想法」というワーク**に取り組んでいきます。

ひと言で言えば、「創発・発想法」とは、**「天才性の組み合わせによって、新たな天才性をつくり出すためのワーク」**です。あなたの無自覚領域に潜んでいる、新しい天才性を明らかにすることが、このワークの狙いです。

ただし、このワークは、本来ならセミナーや個人セッションで、私が直接フィードバックをしながら実施するものです。

本書でもできる限り具体的にお伝えしていきますが、中には効果的なやり方がわからずに、混乱してしまう人もいるかもしれません。やり方がわからなくなった人は、遠慮なく質問をしてきてください（info@pro-alive.jp）。

ワーク 3　無自覚の天才性を明らかにする

◎実践ステップ1……模造紙とマジックペンを用意する

このワークに取り組む前に、あなたに用意してもらいたいものがいくつかあります。

すでに失敗人格適応のステップに取り組んだ人は準備できているかもしれませんが、**模造紙とマジックペンを用意**しましょう。模造紙は、「創発・発想法」に取り組む際に活用します。

実際のセミナーで使っている**模造紙の大きさは縦1085×横788㎜**なので、それ以上の大きさであれば問題ありません。「模造紙　縦1085×横788㎜」とインターネットで検索するといくつかの種類が出てきますので、その中で気に入ったものを選んでください。

続けて、マジックペン。

これは、油性でも水性でもかまいませんし、色もあなたが好きな色でかまいません。鉛筆で模造紙に書くと薄くて見にくいので、**見やすい線を書くためのマジックペン**です。

この2つが用意できたら、「創発・発想法」のワークに取り組む準備は完了です。

◎実践ステップ2……天才性を模造紙に貼りつける

次は、あなたが書き出した天才性のポストイットを手元に用意して、模造紙に貼りつけていきましょう。

まず、**最も高い優先順位をつけた天才性を、模造紙の真ん中に貼りつけ**ます。

最も優先順位の高い天才性を真ん中に貼ったら、残りの天才性も同じように模造紙に貼っていきます。

ただし、**次のルールに注意**してください。

ポストイットとポストイットの間隔は、マジックペンで線を引けるくらいの間隔を空けておいてください。厳密に計測する必要はありませんが、**8㎝～10㎝の間隔は空けておいたほうが、**

無自覚の天才性を明らかにする「創発・発想法」マップづくり①——貼り付け

商品やサービスを見た瞬間に、「売れる」か「売れない」かの判断が感覚的にできる

物事のコンセプトを、一瞬でつくることができる

相手と一瞬で心理的距離（ラポール）を縮めることができる

相手の表情や行動から、今の相手の心理状態を見抜ける

商品やサービスを見たときに、すぐにキャッチコピーが頭に浮かぶ

物事を他人にわかりやすく伝えることが好き

相手の状況に合わせて、セールス方法を柔軟に変えることができる

事業構想を描くのが得意だ

やると決めたら、どこまでもとことんやり続ける

何かをリサーチするとなったら、時間を忘れて没頭する

経営者やビジネスオーナーとの人脈を広げるのが好き

パソコンで文字を書くのが好き

※ポストイットとポストイットとの間は、マジックペンで線を引けるくらいの間隔（8〜10㎝）を空ける。
※同じ内容やパターンの天才性については、関連性を持たせるために近くの場所に貼る。
※天才性の数が多くて、模造紙が１枚では足りないという人は、２枚重ねても OK。

この後のステップにも取り組みやすくなります。

次に、**同じ内容やパターンの天才性については、関連性を持たせるために近くの場所に貼っておきましょう。**

たとえば、マネジメントに関する天才性はひとかたまりに、思考法や考え方に関する天才性はひとかたまりにしておくといったように、同じようなカテゴリーだと思われる天才性は、できるだけ1つの場所にまとめておきましょう。

この2つのルールを守って天才性を書き出したすべてのポストイットを模造紙に貼りつけていきましょう。

天才性の数が多くて、模造紙が1枚では足りないという人は、2枚重ねてもかまいませんので、すべての天才性を貼りつけてみてくださいね。

◎実践ステップ3……ポストイットを結んで、三角形をたくさんつくる

次は、マジックペンを使ってポストイット同士を線で結んでいきましょう。

やり方はとても単純です。**できるだけたくさんの三角形をつくるような感覚**で、近くにあるポストイット同士をマジックペンで結んでいきましょう。

無自覚の天才性を明らかにする
「創発・発想法」マップづくり②――三角形をたくさんつくる

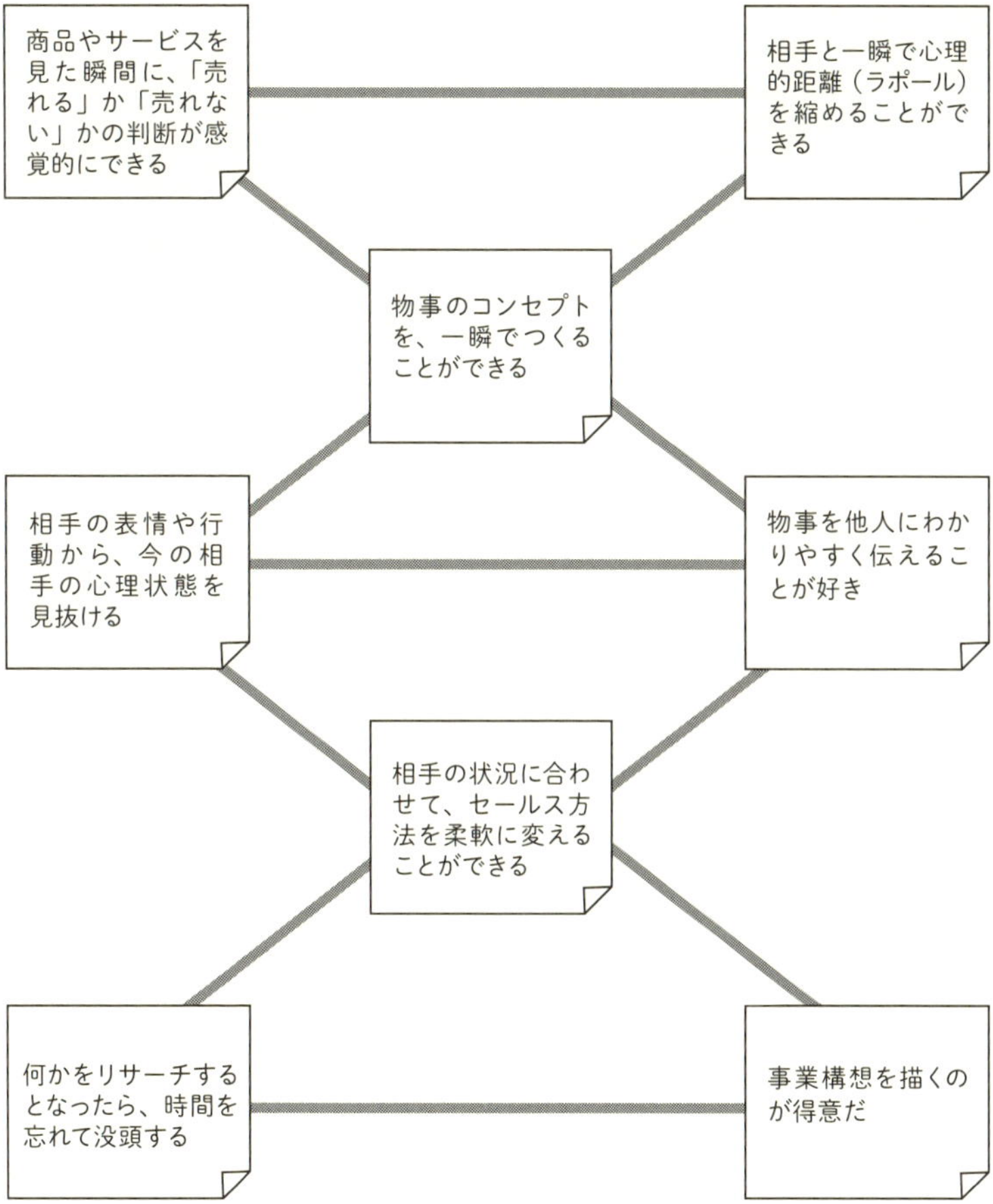
商品やサービスを見た瞬間に、「売れる」か「売れない」かの判断が感覚的にできる
相手と一瞬で心理的距離（ラポール）を縮めることができる
物事のコンセプトを、一瞬でつくることができる
相手の表情や行動から、今の相手の心理状態を見抜ける
物事を他人にわかりやすく伝えることが好き
相手の状況に合わせて、セールス方法を柔軟に変えることができる
何かをリサーチするとなったら、時間を忘れて没頭する
事業構想を描くのが得意だ

※マジックペンを使ってポストイット同士を線で結ぶ。

◎実践ステップ4……結んだ線から、新たな天才性を創発・発想する

ここからが本番です。実践ステップ3で結んだ線に意識を向けて、**結んだ線の天才性を組み合わせて、新たな天才性を書き出していきます。**

たとえば、

◎ポストイットA：商品やサービスを見た瞬間に、「売れる」か「売れない」かの判断が感覚的にできる

◎ポストイットB：物事のコンセプトを、一瞬でつくることができる

この2つの天才性が線で結ばれているとしたら、この2つの天才性の組み合わせによって新たに創発される天才性を書き出すのです。

創発された天才性は、鉛筆で直接模造紙に書き込んでもらってかまいません。

また、その際には次のような質問を自分に問いかけてみましょう。

「○○と△△の天才性を組み合わせると、どのような天才性がイメージできるだろう？」

「この線には、どのような本質的な天才性が潜んでいるだろうか？」

「この線に新たな『普遍的な能力やスキル』があるとすれば、どのような新たな能力やスキルが得られるだろうか？」

無自覚の天才性を明らかにする
「創発・発想法」マップづくり③
──結んだ線から、新たな天才性を創発・発想する

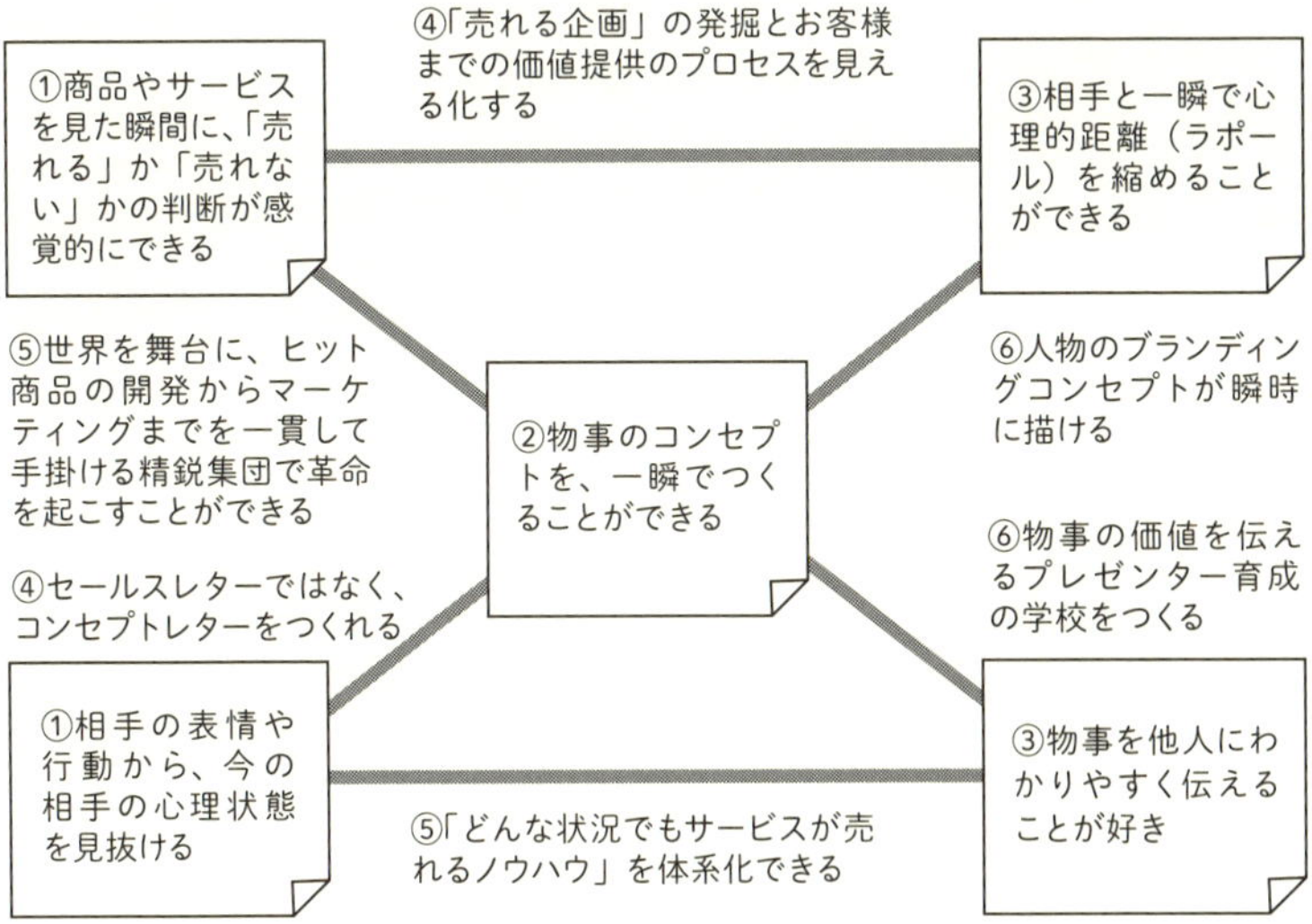
①商品やサービスを見た瞬間に、「売れる」か「売れない」かの判断が感覚的にできる
④「売れる企画」の発掘とお客様までの価値提供のプロセスを見える化する
③相手と一瞬で心理的距離（ラポール）を縮めることができる
⑤世界を舞台に、ヒット商品の開発からマーケティングまでを一貫して手掛ける精鋭集団で革命を起こすことができる
②物事のコンセプトを、一瞬でつくることができる
⑥人物のブランディングコンセプトが瞬時に描ける
⑥物事の価値を伝えるプレゼンター育成の学校をつくる
④セールスレターではなく、コンセプトレターをつくれる
①相手の表情や行動から、今の相手の心理状態を見抜ける
③物事を他人にわかりやすく伝えることが好き
⑤「どんな状況でもサービスが売れるノウハウ」を体系化できる

結んだ線の天才性を組み合わせて、新たな天才性を書き出していく。
※下記の質問を問いかけると、出てきやすくなる。
「○○と△△の天才性を組み合わせると、どのような天才性がイメージできるだろう？」

「この線には、どのような本質的な天才性が潜んでいるだろうか？」

「この線に新たな『普遍的な能力やスキル』があるとすれば、どのような新たな能力やスキルが得られるだろうか？」

「この線から、どのような天才性に気づけばよいだろうか？　新たな天才性は何だろうか？」

「○○と△△という天才性を組み合わせると、いったいどのような天才性が考えられるだろうか？」
※結んだすべての線を埋める。

「この線から、どのような天才性に気づけばよいだろうか？　新たな天才性は何だろうか？」

「○○と△△という天才性を組み合わせると、いったいどのような天才性が考えられるだろうか？」

このような質問を自分自身に問いかけて、新たに創発された天才性を、模造紙に直接書き込んでいきましょう。

注目すべきは、単純に言葉をつなぎ合わせただけではなく、2つの天才性を組み合わせて、新たな天才性が創発されているということです。

先ほどの例で言えば、

◎ポストイットA：商品やサービスを見た瞬間に、「売れる」か「売れない」かの判断が感覚的にできる

◎ポストイットB：物事のコンセプトを、一瞬でつくることができる

この2つの天才性があったとします。

これを単純につなぎ合わせると、「売れる物事のコンセプトを、一瞬でつくることができる」となる思います。

しかし、これは、単純に組み合わせただけであって、本来の「創発・発想法」の効果を得ら

れてはいません。

本来の「創発・発想法」の効果とは、自分でも思いもしなかったような天才性がひらめき、**自分自身の感動や驚きを伴います**（脳科学者の茂木健一郎氏は、このような体験を「アハ！体験」と名づけています）。

たとえば、先ほどの例で言えば、

「世界を舞台に、ヒット商品の開発からマーケティングまでを一貫して手掛ける精鋭集団で革命を起こすことができる」

このような天才性を書き出して、実際の事業に活用していた経営者もいました。

その人にとっては、新たに創発されたこの天才性に、自分の中での感動や驚きがあったのです。

ここで気をつけてほしいのは、「創発・発想法」に取り組んでいるときに、「こんなこと、自分にはできないよなぁ……」と無自覚で判断してしまうことです。

「創発・発想法」に取り組んでいるときには、**「これならできる」「これは自分にはできない」の判断は、まったく必要ありません**。

この段階で、「できる」「できない」の判断をしてしまうと、せっかくのあなたの天才性を発揮することができないからです。

また、おそらく普段は使っていない脳の使い方をしているので、脳がかなりの疲労を感じることがあります。

そんな感覚を得られたら、とてもうまくいっている証拠です。**脳内で新たな神経回路（シナプス）の組み合わせが、形成されつつある**状態です。

あなたのペースでかまいませんので、結んだすべての線を埋めるように、天才性を書き出していきましょう。

◎実践ステップ5……結んだ線からできた面に意識を向けて、新たな天才性を創発・発想する

次はいよいよ大詰めです。

今度は、**結んだ線からできた三角形の面に意識を向けて、そこから創発される新たな天才性を、三角形の面の中に直接書き込んでいきましょう。**

次ページの図のように、①～⑥の天才性の組み合わせから、創発された天才性を三角形の面の中に書き出していきます。

また、その際には次のような質問を自分に問いかけてみましょう。


「①～⑥の天才性には、どのような本質的な天才性が潜んでいるだろうか？」

無自覚の天才性を明らかにする
「創発・発想法」マップづくり④
――結んだ線からできた面に意識を向けて、新たな天才性を創発・発想する

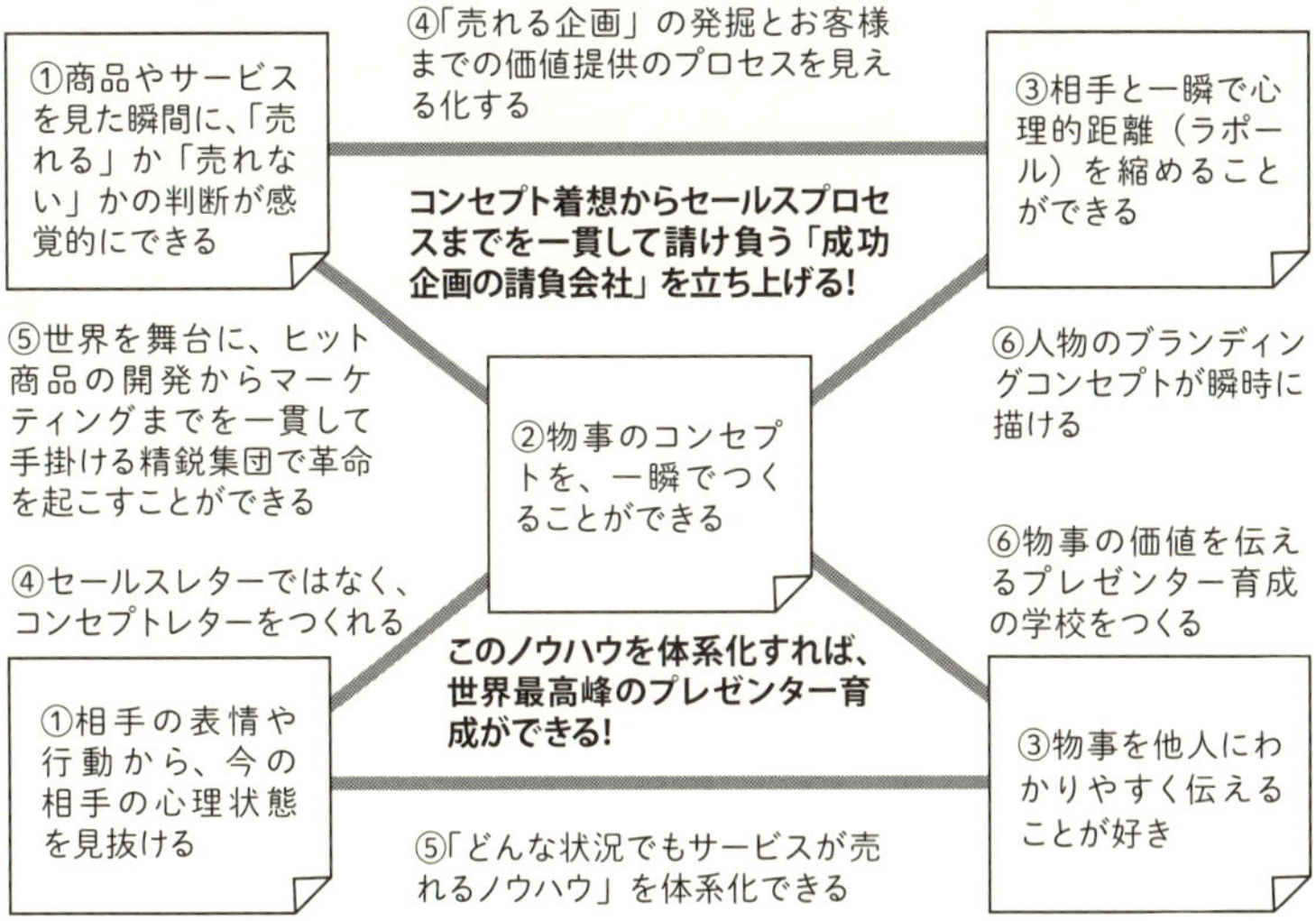
④「売れる企画」の発掘とお客様までの価値提供のプロセスを見える化する
①商品やサービスを見た瞬間に、「売れる」か「売れない」かの判断が感覚的にできる
③相手と一瞬で心理的距離（ラポール）を縮めることができる
コンセプト着想からセールスプロセスまでを一貫して請け負う「成功企画の請負会社」を立ち上げる!
⑤世界を舞台に、ヒット商品の開発からマーケティングまでを一貫して手掛ける精鋭集団で革命を起こすことができる
⑥人物のブランディングコンセプトが瞬時に描ける
②物事のコンセプトを、一瞬でつくることができる
⑥物事の価値を伝えるプレゼンター育成の学校をつくる
④セールスレターではなく、コンセプトレターをつくれる
このノウハウを体系化すれば、世界最高峰のプレゼンター育成ができる!
①相手の表情や行動から、今の相手の心理状態を見抜ける
③物事を他人にわかりやすく伝えることが好き
⑤「どんな状況でもサービスが売れるノウハウ」を体系化できる

※①〜⑥の天才性の組み合わせから、創発された天才性を三角形の面の中に書き出す。
※下記の質問を問いかけると、出てきやすくなる。
「①〜⑥の天才性には、どのような本質的な天才性が潜んでいるだろうか？」

「①〜⑥の天才性から新たな『普遍的な能力やスキル』が創発されるとすれば、どのような新たな能力やスキルが得られるだろうか？」

「①〜⑥の天才性から、どのような天才性に気づけばよいだろうか？　新たな天才性は何だろうか？」

「①〜⑥の天才性を組み合わせると、いったいどのような天才性がイメージできるだろうか？」

「①〜⑥の天才性から新たな『普遍的な能力やスキル』が創発されるとすれば、どのような新たな能力やスキルが得られるだろうか？」

「①〜⑥の天才性から、どのような天才性に気づけばよいだろうか？　新たな天才性は何だろうか？」

「①〜⑥の天才性を組み合わせると、いったいどのような天才性がイメージできるだろうか？」

このような質問をあなた自身に問いかけながら、三角形の面の中にある天才性を明らかにしていきましょう。

また、その際にも、単純に①〜⑥の天才性をつなぎ合わせただけではなく、自分が思いもしなかったような天才性を得られる感覚を大切にしてみてください。

◎実践ステップ6……メインとバックアップに分ける

実践ステップ5までで、「創発・発想法」のワークはひとまず終了です。ここまで取り組むと、書き出した天才性の数もかなり多くなっていると思います。

ここからは、**最初にポストイットに書き出した天才性と、「創発・発想法」で新たに書き出した天才性の優先順位をつけていきましょう。**

最初に、**メインの天才性とバックアップの天才性を分けていきます**。

メインの天才性とは、「これは私にとって重要な天才性だ！」とあなた自身が直観で思う天才性のことです。メインだと感じた天才性には、丸で囲んでおくなど、わかりやすいようにマークをつけていきましょう。メインの天才性は、いくつあってもかまいません。

逆に、それ以外の天才性は、すべてバックアップとして分けていきましょう。

「これはそんなに重要じゃないかも……」と迷うくらいであれば、すべてバックアップの天才性として分けていきましょう。

◎実践ステップ7……メインの天才性の優先順位をつける

次に、実践ステップ6でメインとした天才性に、優先順位をつけていきましょう。たとえば、**メインの天才性が30個の人であれば、1～30までの数字を、模造紙またはポストイットに直接書き込んで**いきましょう。

以上が、ステップ3の全体像です。

繰り返しになりますが、このステップで大切なことは、「創発・発想法」をしたときに、あなたが思いもつかなかったような天才性が得られることです。

ただ単にワークをこなすだけでは、十分な効果を得ることはできません。ぜひ、この感覚を大切にしながら取り組んでいきましょう。

実践とフィードバックを積み重ねる——【ステップ4】現場での実践とフィードバック

ステップ3まであなたの天才性を明らかにすることができたら、後はひたすら現場での実践とフィードバックに取り組んでいくステップになります。

このステップ4に取り組むことで、あなたはより効果性の高い、実践的な天才性を身につけることができます。

このステップで**大切なことは、実践とフィードバックをできるだけ速いスピードで積み重ねること**です。実践とフィードバックを積み重ねることができれば、それだけ結果に結びつきやすい天才性を、早くあなたのものにすることができます。

「手段の目的化」を事前回避しながら、自分を動かす3つの秘策

特に、天才性を実践するときに意識してほしいのが、**「合目的アプローチ」**と**「行動のモジ**

ュール化」という考え方です。

「合目的アプローチ」とは、その名のとおり、**あなたの目的に合ったアプローチ（行動や活動）をする**ことです。

第2章でもお伝えしましたが、私たちは無自覚のうちに、行動することそのものを目的としてしまうことがよくあります。行動することは手段の1つでしかないのに、行動そのものが目的になってしまう、いわゆる「手段の目的化」が起きてしまうのです。

しかし、事前にしっかりとあなたの目的を自覚しておくことで、この「手段の目的化」という事態を、未然に防ぐことができます。

実際、この「合目的アプローチ」に取り組むことで、これから行動しようとする内容が、実は効果的ではないことに気づくケースがたくさんあります。だから私は、何かの行動や取り組みをする前には、必ず目的を徹底的に自覚することを強くすすめています。そのための方法が、「合目的アプローチ」です。

もう1つ重要な考え方が、「行動のモジュール化」です。

なかなか思うような成果の上がらない人の特徴の1つとして、「いきなりうまくやろうとする」ということが見られます。

自分の天才性を発揮してすぐに結果を得たい気持ちはわかるのですが、実際の現場ではすぐに成果に結びつかないこともたくさんあります。

そんなとき、うまくいかないパターンを持っている人ほど、「すぐに成果に結びつかないんなら、このままやっても意味がない……」と考えて、行動することをやめてしまうのです。

このような状態に陥らないためのポイントは、**「行動を徹底的に細かく分けて、実践レベルで行動できるように落とし込む」**ことです。私はこれを、**「行動のモジュール化」**と呼んでいます。

モジュールとは、「構成要素」といった意味を持ちます。つまり、1つひとつの行動を細かい「要素」に分けることで、行動するためのハードルをできる限り低くするのです。「行動のモジュール化」をすることで、あなたの天才性を普段の生活や仕事で活用できるような、具体的な行動に落とし込むことができます。

最後にもう1つ、これは実際に行動するときの前提となるような考え方なのですが、「たしかに私は目的の達成に向かって前進している」という**「実感」を得る工夫をする**ことも、とても重要です。

第2章でもお伝えしましたが、私たちが行動するために必要なもの、それは「実感」です。

「実感」があれば、誰から言われなくとも、私たちの脳は勝手に行動を起こしてくれます。

①「合目的アプローチ」で徹底的に目的を自覚すること
②「行動のモジュール化」で、あなたの天才性を具体的な行動に落とし込むこと
③目的に向かって前進しているという「実感」が得られる工夫をすること

この3つのポイントをおさえたうえで、あなたの天才性を実践していきましょう。

そして、実践することと同じくらいに大切なのが、**しっかりと「振り返り」**をすることです。

私がこれまでにお会いしてきた成功者たちは例外なく、何かしらの形で「振り返り」をする習慣を身につけています。

「振り返り」をすることで、より目的に合った効果性の高い行動を起こすことができるのです。

もちろん、やみくもに「振り返り」をすればいいかというと、決してそうではありません。効果性のある手順に沿って、「振り返り」をしていく必要があります。そのための「効果的な振り返りの方法」が、次の「ワーク4」です。

ワーク4 アクション&フィードバックシートに記入する

最初に、あなたが普段の生活や仕事などの、「現場」で実践する天才性を決定していきましょう。

◎実践ステップ1……現場で実践する天才性を決定する

注目してもらいたいのは、先ほどのステップ3「創発・発想法で天才性を組み合わせる」でつけた、メインの天才性の優先順位です。

ここでは、**優先順位の上位3つの天才性に注目して、まずはこの3つを「現場」で実践することを心掛けてみましょう。**

本来なら、すべての天才性を活用していきたいところですが、一度にすべてのことをやろうとすると、私たちの脳は容量オーバーになってしまいます。

ですから、まずは上位3つを1つの目安として、「現場」で実践する天才性を決定していきましょう。

現場で実践する天才性を決定する「アクション&フィードバックシート」

アクション		
現場で実践する天才性		
実践する目的 （何のために天才性を実践するのか）		
行動のモジュール化	モジュール大：	
	モジュール中（モジュール大をさらに具体化）：	
	モジュール小（モジュール中をさらに具体化）：	
実感を得るための目標	大目標：	
	中目標（大目標をさらに具体化）：	
	小目標（中目標をさらに具体化）：	

フィードバック	
どのようなことに気づいたのか？	
うまくいったことは、どのようなことだろうか？	
うまくいかなかったことはどのようなことだろうか？	
今後、どのような行動のモジュールを設定すればいいのだろうか？	
今後、どのような目標を設定すればいいのだろうか？	

◎実践ステップ2……アクション&フィードバックシートを活用して、「現場」で実践する

現場で実践するあなたの天才性が決定できたら、前ページの**「アクション&フィードバックシート」に沿って、実際に行動する内容を記入**していきましょう。

1つの天才性につき、1枚の「アクション&フィードバックシート」を記入していきます。ですから、実践ステップ1で3つの天才性を選んだ人は、3枚の「アクション&フィードバックシート」にそれぞれ記入していきましょう。

ここであなたに特に意識してほしいことは、先ほどお伝えした次の3つのポイントです。

①「合目的アプローチ」で徹底的に目的を自覚すること
②「行動のモジュール化」で、あなたの天才性を具体的な行動に落とし込むこと
③目的に向かって前進しているという「実感」が得られる工夫をすること

297ページのアクション&フィードバックシートも、この3つのポイントが意識できるような構成にしています。

「アクション&フィードバックシート」に記入ができたら、後は「現場」での実践あるのみです。

現場で実践する天才性を決定する「アクション&フィードバックシート」の例

アクション	
現場で実践する天才性	相手の状況に合わせてセールス方法を柔軟に変えることができる
実践する目的 (何のために天才性を実践するのか)	自分が所属している営業部で常にトップの成績を上げて、時代が変わっても「メシを食える力」を身につけるため
行動のモジュール化	**モジュール大**:自分が実践しているセールス方法を体系化して、実際のセールス現場で実践する
	モジュール中(モジュール大をさらに具体化):○月○日までにセールス方法のステップを細分化し、簡単な資料作成をして、自分の部下と共有する
	モジュール小(モジュール中をさらに具体化):今週の水曜日にアポイントが入っているA社の鈴木さんにさっそく実践してみて、随時修正しながらブラッシュアップする
実感を得るための目標	**大目標**:セールス方法を体系化したメソッドを活用することにより、○年度の営業成績トップを獲得する
	中目標(大目標をさらに具体化):○月○日までに、自分のセールスメソッドを活用して契約を1件獲得する
	小目標(中目標をさらに具体化):○月○日までにとりあえず体系化して実践の機会をつくる。それから、毎週金曜日にブラッシュアップの時間を設ける
フィードバック	
どのようなことに気づいたのか?	セールス方法を体系化して実践してみたが、自分が無自覚でやっていることがとても多いことに気づいた。いきなりお客様の前で実践するよりも、チーム内でロープレの機会を増やしてトレーニングを重ねた方が体系化のスピードも速いと実感した。これからは、チームの力をもっと上手に活用していこう。
うまくいったことは、どのようなことだろうか?	セールス方法を意識しながらお客様と話すことで、以前よりも商談がスムーズに運ぶことができた。セールス方法の効果を少し実感することができた。これをより誰でもが使えるものに体系化すれば、新たな社内マニュアルとしても活用できると実感。
うまくいかなかったことはどのようなことだろうか?	まだまだ体系化が甘い。自分でもブラックボックスな部分がたくさんあるので、部下たちとロープレをしてどんどん明らかにしていこう。部下たち自身も、自分のセールス方法を体系化することでパフォーマンスがアップするかも。
今後、どのような行動のモジュールを設定すればいいのだろうか?	**モジュール大**:より緻密に体系化したセールスメソッドを、社内マニュアルとして浸透させるプロジェクトを発足する。 **モジュール中**:毎週金曜日の営業活動終了後は、チーム内でロープレを実践する時間をつくる。そして、ロープレで得たフィードバックをもとに、毎週水曜日はセールスメソッド体系化の時間を設ける。 **モジュール小**:お客様とのアポイント時には、セールスメソッドを体系化した資料を印刷して持参する。信頼関係のとれているお客様には、お客様視点としてのフィードバックをもらってさらに改善を積み重ねていく。
今後、どのような目標を設定すればいいのだろうか?	**大目標**:○年○月までに、セールスメソッドの社内マニュアル化プロジェクトを発足する。 **中目標**:○年○月までに、自分と部下のチームあわせて○件以上の契約を獲得して、このセールスメソッドの効果性を部下にも実感してもらう。 **小目標**:まずは自分自身が○件以上の契約を○年○月までに獲得する。

一度に複数の天才性を「現場」で実践してもかまいませんし、まずは優先順位の一番高い天才性を「現場」で深く実践してもらってもかまいません。

ただし、まったくこのワークに取り組んだことのない人は、最も優先順位の高い天才性を現場で実践してもらったほうが、すぐにその感覚がつかめると思います。

◎実践ステップ3……フィードバックをする

実践行動をした後は、しっかりと**「振り返り」**をすることが重要です。先ほどもお伝えしたとおり、成功者と言われるような人たちは、例外なく「振り返り」をしています。

あなたが**実践行動をした後には、必ず「アクション&フィードバックシート」を活用して、「振り返り」をしていきましょう。**

「アクション&フィードバックシート」に取り組むことで、自然と「効果的な振り返り」ができるように構成をしています。前ページの事例も参考にしながら、しっかりと「振り返り」をしていきましょう。

「ステップ4」は、1回取り組んだら終わりというものではありません。天才性を発揮するためには、**現場で実践とフィードバックのサイクルを積み重ねる**ことが、とても重要です。あなたの天才性を最大限に発揮するためにも、繰り返し取り組んでいきましょう。

無自覚のうちにかかっている脳の「遮断」を解く

――【ステップ5】メンターの存在を活用する

「天才性」という考え方をあなたにお伝えするところから始まり、ここまで一緒に取り組んできましたが、いかがでしたか？

ここまでの取り組みをしていく中で、自分の天才性が明確になり、現場で実践とフィードバックを積み重ねることが、しっかりとできている人もいると思います。そんな方はぜひ、これからも実践とフィードバックを繰り返しながら、あなたの天才性を磨いていってください。

一方で、ここまで取り組みをしてきたけれども、今いち思うような結果が出ないという人もいると思います。**自分の天才性を明らかにして、現場で実践を試みたけれど、自分が思うような結果をなかなか手にすることができない……**。

そんな人にぜひ参考にしていただきたいのが、この「ステップ5　メンターの存在を活用する」です。

ここまでのステップで、あなたは普段から自分がなんとなく認識していた天才性はもちろん、脳の無自覚領域に隠されていた天才性までも活用して、現場での実践とフィードバックを積み重ねてきたと思います。

ただし、ここであなたにお伝えしておきたい、とても重要なことがあります。

それは、

「人間の脳には、常に『RAS』（網様体賦活系）によって『心理的盲点』（スコトーマ）が発生している」

ということです。

「RAS」（網様体賦活系）とは、脳幹にあるフィルターシステムで、そのときに脳が重要だと判断したこと以外は、遮断してしまう機能のことを言います。

一方、**「心理的盲点」（スコトーマ）**とは、「RAS」（網様体賦活系）によって、あなたの脳から遮断された情報のことを言います。

たとえば、同じ本を読んでいても、同じ映画を見ていても、人によって感想はさまざまです。同じ本を読んだとしても、あなたが重要だと感じるポイントと、私が重要だと感じるポイントは、きっと違うでしょう。映画でもそうです。

同じものを読んで、同じものを見ているはずなのに、なぜこのようなことが起きてしまうのでしょうか？

この原因が、まさに「RAS」（網様体賦活系）と「心理的盲点」（スコトーマ）によるものなのです。

先ほどの本の例で言えば、私たちの脳では「RAS」（網様体賦活系）が働いて、自分が重要だと感じた以外の情報は、遮断されてしまうのです。そして、自分が重要だと感じた以外の情報が、「心理的盲点」（スコトーマ）になってしまうのです。

言い換えれば、**私たちが何かしらの情報を取り入れる際には、常に「RAS」（網様体賦活系）が働いて、「心理的盲点」（スコトーマ）が生まれているのと言えるのです。**

無自覚にかかっているRASを外し、心理的盲点に気づく

では、この「RAS」（網様体賦活系）と「心理的盲点」（スコトーマ）の性質を理解したうえで、あなたの天才性を発揮するためには、どのようなことに取り組めばいいのでしょうか？

ここで、メンターの存在がとても重要になってきます。

メンターとは、「自分が無自覚のうちにかかっている『RAS』（網様体賦活系）を外し、『心理的盲点』（スコトーマ）に気づかせてくれる存在」なのです。

メンターを効果的に活用することができれば、新しい情報や着眼点を得ることができます。

つまり、メンターの存在を上手に活用することができれば、自分では気づきもしなかった天

才性を自覚し、その天才性を発揮することができるのです。

これが、メンターを活用する最大のメリットです。

成功者と呼ばれる人に話を聞いてみると、皆さん口をそろえたように「自分の人生を変えてくれたメンターがいた」と言います。

どんなに頑張ったとしても、自分一人でできることには限界があります。それは、あなたの天才性についても同じです。

天才性を発揮するために、現場での実践とフィードバックを繰り返したとしても、そこにはあなたが気づいていないさまざまな「心理的盲点」（スコトーマ）が隠されています。

だからこそ、メンターの存在を徹底的に活用して、より効果的に天才性を発揮することが重要なのです。

メンターの3つの活用方法

では、あなたがより効果的に天才性を発揮するためには、具体的にどのようにメンターを活用すればいいのでしょうか？

天才性を発揮するためのメンターの活用方法として、私は次の3つの方法をお伝えしています。

①「場」を提供する
②ストレッチ・アサインメントを実施する
③振り返り&フィードバックを共有する

具体的にどのようなことか、これから詳しく見ていきましょう。

「場」を提供する——メンターの活用方法①

メンターの活用方法の1つ目は、「場」を提供することです。

あなたの天才性を発揮するためには、そもそも天才性を発揮する「場」がなければいけません。

たとえば、以前私のもとに相談に来られた人で、「相手の話や本で読んだ内容の要点をすぐにまとめて、人にわかりやすく伝えることができる」という天才性を持っている30代の男性がいました。

でも、その人は技術系の仕事をしていたために、普段は人と会話することがほとんどありません。

朝出勤したら黙々と一人で仕事をこなして、定時になったら仕事を終えて一人で帰る。他の社員とコミュニケーションを取るのは、朝礼の挨拶のときか、昼食時の会話くらいのものでした。

このような状況では、自分の天才性を発揮しようと思っても、そもそも自分の天才性を発揮する「場」がありません。まさに、「宝の持ち腐れ」状態です。

だから私は、その男性に次のようなフィードバックをしました。

「あなたの上司に当たる人に、あなたの天才性が発揮できるような『場』を用意してもらえるようにお願いしてみてください。たとえば、社員が抱えている課題や問題点についてアンケートを取り、それをまとめてプレゼンテーションする機会などを用意してもらえるかどうか、上司の方に相談してみてください」

このように、自分の天才性を発揮できるような「場」を与えてもらえるよう、当時のメンターである上司に依頼するように伝えたのです。

その結果、その男性は自分自身の卓越したプレゼンテーション能力が認められ、管理職へと昇進することができました。

繰り返しになりますが、**自分の天才性を発揮しようとしても、その天才性を発揮する「場」がなければ、そもそもその天才性が効果的なものかどうかを検証することはできません。**

もちろん、そういった「場」を自分で用意することができればいいのですが、私たちは人との関わり合いの中で生きている以上、すべてが自分の思いどおりにいかないことがあるのも事実です。

そんなときにはぜひ、あなたのメンターを活用してみましょう。

先ほどの例で言えば、職場の上司がメンターとして「場」を提供してくれましたが、必ずしも上司や先輩などの目上の人がメンターになるとは限りません。

一緒に仕事をしている同僚にお願いして、自分の天才性が発揮できそうな仕事に取り組ませてもらうこともできるでしょう。あるいは、異業種交流会などで知り合った人が、あなたのメンターになってくれることもあるでしょう。

メンターとは、**「あなたの天才性を発揮する機会やキッカケなどの『場』を提供してくれる人」**という感覚で捉えてもらったほうがわかりやすいと思います。

ぜひ、そんなメンターを見つけたら、自分の天才性を発揮できるような「場」を与えてもらうようにお願いしてみましょう。メンターとの関係性ができていれば、快くあなたのお願いにも応じてくれるはずです。

逆に、あなたが部下や社員に天才性を発揮してもらいたいときには、積極的に「場」を与えてあげることが大切です。

私は中小企業のコンサルティング支援もさせてもらっているのですが、「彼は事務職をやっていたときは今いちパッとしなかったけど、営業職になったとたんに飛躍的に成長しました」という話をよく聞きます。

これも、営業職という「場」が与えられたことによって、自分自身の天才性が発揮できたと言えます。

自分自身が天才性を発揮する「場」を獲得することもそうですが、**まわりの人にもたくさんの「場」を与えることを意識して取り組んでいく**と、最終的に自分の天才性を発揮するのに、プラスに働く場合が出てきます。

ストレッチ・アサインメントを実施する——メンターの活用方法②

メンターの活用方法の2つ目とは、「ストレッチ・アサインメントを実施する」です。

ストレッチ・アサインメントとは、**あえて現状の能力では難しいと思われるポジションに任命し、必死にそのポジションに本人を適応させることで、能力の向上を促す手法**です。

これも、メンターの効果的な活用方法の1つです。

私が実際に体験した事例をお話ししましょう。

私が支援させていただいた兵庫県の宝塚にある株式会社ナビック（代表取締役：仲内悦治http://www.na-vic.co.jp/）という会社は、地主や家主、投資家向けに、土地活用の提案をしています。同社の森川晴一朗さんが実際に体験したエピソードです。

森川さんは、私がお会いした当時、まだ入社数年しか経っていない20代後半の若手社員でした。でも私は、森川さんとお会いした時点で、森川さんにはすばらしい天才性が眠っていることに気づき、彼の天才性を活用することが、株式会社ナビックという会社の成長・発展に大きく影響することになるとわかったのです。

そこで私は、会社の代表である仲内社長に、こう伝えました。

「森川さんは今のポジションではなく、もっと大きな役割のあるポジションにつけたほうがいいと思います。そうすることで、彼は天才性を存分に発揮できます。森川さんはとても優秀な方なので、彼が自分の天才性をいかに発揮できるかが、今後の御社の成長・発展に大きく影響します。ベテラン社員もいる中でとても難しい決断だと思いますが、森川さんの天才性を最大限に発揮させるためにも、彼のポジションをもう一度考え直してみてはいかがですか？」

森川さんよりも社歴の長いベテラン社員も数多くいる中で、私のアドバイスはとても難しい決断だったと思います。

でも、最終的に仲内社長は森川さんを執行役員にすることを決断し、取締役会での承認を得ました。

その結果、どうなったか?

執行役員になったことによって、森川さんは自分自身が持っていた天才性を存分に発揮しました。具体的には、「物事の全体と本質をとらえて、わかりやすく伝えることができる」という天才性を発揮して、仲内社長と社員の架け橋となり、自社のビジョン実現に向かって、社長の右腕として会社をリードしてくれたのです。

いきなり若手社員を登用したとなれば、普通はベテラン社員から抵抗が起こるものですが、森川さんには何とも言えない人を惹きつける魅力がありました。

「森川さんが言うなら、話を聞いてみようかな」というように相手に思わせる魅力があったのです。そのような魅力も、森川さんの天才性でした。

仲内社長にとっては難しい決断だったと思いますが、会社にとってはとても大きな影響を与えることになりました。

この森川さんが体験したことが、まさに「ストレッチ・アサインメント」なのです。

最初から、森川さんに執行役員の役割を果たす能力があったわけではありません。執行役員になった当初は、森川さんもどうしていいかわからず戸惑っていた時期もありました。

でも、日が経つにつれて、森川さんはメキメキと自分の天才性を発揮し、能力を伸ばしていきました。執行役員に就任してから1年後には、「別人のようだ」とお客様からも仲内社長の知人の経営者からも言われるまでに成長と発展をしました。

これが、「ストレッチ・アサインメント」がもたらす効果です。森川さんにとっては、まさに仲内社長がメンターとなったわけです。

森川さんのように、一見難しいと思われる役割だとしても、自分の天才性を発揮することができれば、私たちはその役割に見合った成長と発展をすることができます。

もしあなたも、**メンターから「ストレッチ・アサインメント」を実施されたら、快く引き受けてみましょう**。

「もしかしたら自分には難しいんじゃないかな……」と感じられるくらいの役割やポジションのほうが、結果的には自分の天才性を思う存分に発揮できる場合もたくさんあります。

そして、**もしあなたが誰かのメンターをしているのであれば、積極的に「ストレッチ・アサインメント」を実施**してみましょう。

もちろん、過度な負担は逆効果ですが、「ストレッチ・アサインメント」を実施することが、相手の天才性をより発揮させることにもつながるのです。

振り返り&フィードバックを共有する——メンターの活用方法③

メンターの活用方法の3つ目は、「振り返り&フィードバックを共有する」です。

特にここであなたに注目してもらいたいのは、「振り返り」です。

メンターというと、どうしても一方的にフィードバックをする存在としての役割が強調されすぎているように私は感じています。でも実は、フィードバックと同じくらいに大切なのが、**メンターと一緒に振り返りをする**ということです。

自分自身で振り返りをすることも大切ですが、メンターと一緒に振り返りをする習慣を身につけることで、自分の「心理的盲点」(スコトーマ)に気づくことができます。

たとえば、営業職の人であれば、毎週の営業活動を終えた後には、メンターと一緒に営業活動の振り返りをすることを心掛けてみましょう。

「商談がうまくいかなかったときと、うまくいったときとでは、どのような違いがあったのだろうか?」

「営業活動をしていて気づいたことはどのようなことだろうか?」

「改善すべき点や今後の課題があるとすれば、どのようなことが挙げられるだろうか?」

といった**振り返りをメンターと一緒にすると、自分一人では気づきもしなかったような情報や知識を、メンターは与えてくれるはず**です。

そして、その気づきがあなたの天才性を発揮することにもつながります。

実際、私のセミナーでは参加者同士で振り返りをしてもらうことがあるのですが、お互いがメンター役になることで、思いもよらなかったようなひらめきを得ることがたくさんあります。

「自分が気づきもしなかったような指摘をしてくれたので、新たな行動を起こすことができた」

「一緒に振り返りをしてくれることで、自分一人で振り返りをするときよりも、より深い気づきを得ることができた」

「自分が思いもしなかったような天才性を、メンター役の人が気づかせてくれた」

など、実際、このような感想をたくさんもらいます。

逆に、あなたが指導している部下や社員がいるのであれば、**その部下や社員と一緒に振り返りをする機会を意図的につくってみてください**。

振り返りのプロセスを共有することにより、彼ら一人では気づきもしなかったようなアイデアやひらめきを、あなたが提供することもできます。

ちなみに、わが社では、小沼勢矢氏が代表取締役社長で、私が取締役会長という関係です。

小沼社長と私とでは42歳の年齢差がありますが、私は小沼社長のメンターを、小沼社長は私のメンター役を果たしています。このように、たとえ42歳の年齢差があっても、〝相互〟メンターをし合っています。

年齢も性別も関係ありません。メンターの存在は、気づきが生まれ、あなたの天才性を発揮することにつながります。ぜひあなたもメンターを見つけて、振り返り&フィードバックを共有してみてください。

【著者プロフィール】
石川大雅（いしかわ・たいが）
脳科学モデリング研究所代表。株式会社プロ・アライブ取締役会長。ハイパフォーマンス・コンサルタント。脳と心の専門家。40年間で約3万人の成功者にインタビューを行ない、「成功者の考え方、行動の仕方、脳の使い方」を誰もが使える形に体系化し、超実践的脳科学メソッド「芯観」を開発。人材育成や組織開発に応用している。30年間にわたり、多くの企業や非営利団体に人材・組織開発のコンサルテーションを行ない、今までの指導人数は10万人を超える。ユング研究所をはじめ、心理学、脳科学の専門家からも、その豊富な臨床体験と系統だった実践知識は絶大な信頼を得ている。

著者HP　http://www.pro-alive.jp/

自分に合った脳の使い方

2016年4月18日　初版発行
2016年5月3日　2刷発行

著　者　石川大雅
発行者　太田　宏
発行所　フォレスト出版株式会社
〒162-0824 東京都新宿区揚場町2-18　白宝ビル5F
電話　03-5229-5750（営業）
03-5229-5757（編集）
URL　http://www.forestpub.co.jp

印刷・製本　中央精版印刷株式会社

ISBN978-4-89451-707-3　Printed in Japan